만화로 보는 불교명상 길라잡이

대원불교문화총서 2

만화로 보는 불교명상 길라잡이

방경일 글, 정기영 그림

운주사

본 도서는 (재)대한불교진흥원이 젊은 세대의 관심과 시대적 감각에 맞는 불교 콘텐츠 발굴을 통해서 젊은 세대의 불교 이해를 돕기 위해 펴내는 〔대원불교문화총서〕 시리즈입니다.

머리말
몸과 마음을 살리는 불교명상

21세기에 들어서면서 사회의 '탈종교화 현상'은 점점 강해지고 있는데, 이는 과학이 서서히 종교의 자리를 대신하고 있기 때문입니다. 하지만 과학이 종교를 대신할 수 없는 부문이 있는데 바로 명상입니다. 명상은 체험이기 때문에 과학으로 대체할 수 있는 분야가 아닙니다.

20세기 후반부터 미국을 중심으로 서구에 선불교의 명상 바람이 거세게 불었습니다. 뉴욕이나 LA와 같은 대도시를 중심으로 수많은 '선 센터'가 세워졌는데 다른 종교인들도 몰려와서 명상으로서의 참선을 수련했습니다. 그들은 참선을 수련한 뒤에 건강이 좋아진 것은 물론이고 자신들의 종교에 더욱 집중하게 되었다고 합니다.

초기불교의 수행방법인 위빠사나 역시 서구인들에게 도움이 되고 있는데, MBSR이 바로 그것입니다. 위빠사나의 핵심인 '사띠'를 활용하여 트라우마를 겪고 있는 환자들의 스트레스를 감소시키는 프로그램인 MBSR은, 미국의 병원들을 중심으로 치료에 도움을 주는 명상법으로 확실하게 자리를 잡고 있습니다.

이 책은 두 부분으로 나누어 참선과 위빠사나라는 불교명상을 소개합니다. 우선 우리에게 익숙한 만화는 두 명상법에 대한 기본적인 이해에 필요한 정보들을 제공합니다. 글로만 된 부분은 두 명상법의 실제와 응용을 다루고 있는데, 독자 여러분들은 이를 보고 직접 실행해 보실 수 있습니다.

이 책의 원고는 쉽고 재미있는 불교명상 입문서를 만들어 사람들에게 도움이 되게 하겠다는 대한불교진흥원의 원력으로 만들어졌는데, 그 취지에 조금이라도 부합한다면 다행이겠습니다. 학생들을 가르치기 바쁜 가운데 시간을 내서 그림을 그려주신 정기영 작가님, 흔쾌히 불교책 출판이라는 무거운 짐을 하나 더 지시는 김시열 사장님과 도움을 주신 모든 분들에게도 감사의 말씀을 드립니다.

2023년 1월
방경일 합장

머리말 몸과 마음을 살리는 불교명상　　　　　5

제1장 불교명상이란 무엇인가?　　　　　9
　　1) 명상의 역사　　　　　11
　　2) 불교의 탄생　　　　　21
　　3) 불교명상 시작　　　　　29

제2장 불교명상 왜 필요한가?　　　　　37
　　1) 종교적 필요성　　　　　41
　　2) 심리적 필요성　　　　　49
　　3) 건강상 필요성　　　　　56

제3장 위빠사나 명상　　　　　63
　　1) 위빠사나 명상의 원리　　　　　67
　　2) 위빠사나 명상의 실제　　　　　83
　　3) 위빠사나 명상의 응용　　　　　140

제4장 참선 명상　　　　　159
　　1) 참선 명상의 원리　　　　　166
　　2) 참선 명상의 실제　　　　　183
　　3) 참선 명상의 응용　　　　　211

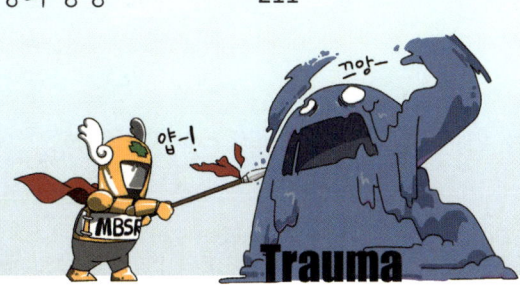

제1장

불교명상이란 무엇인가?

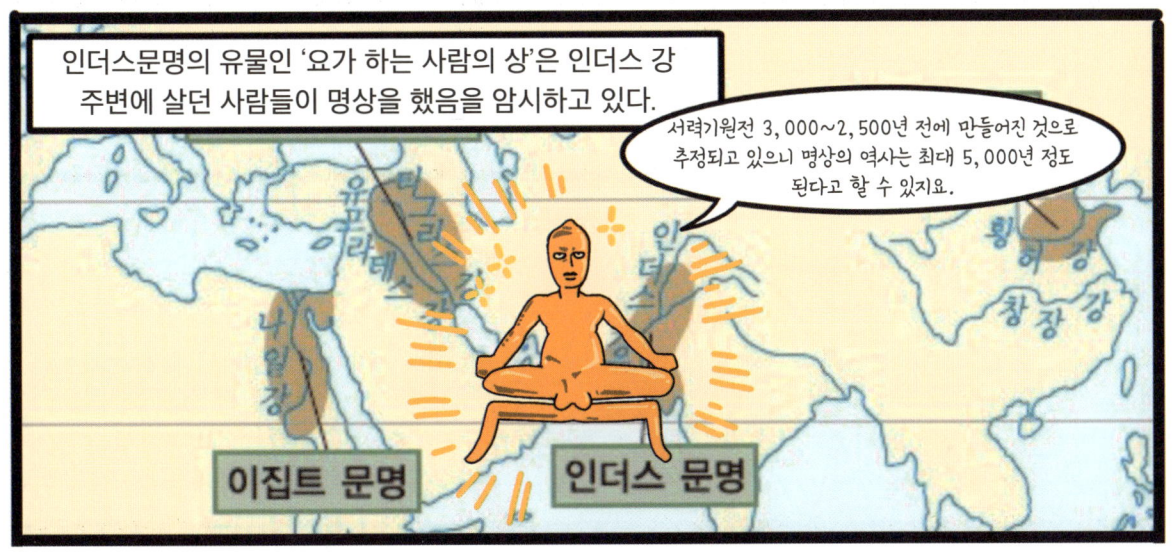

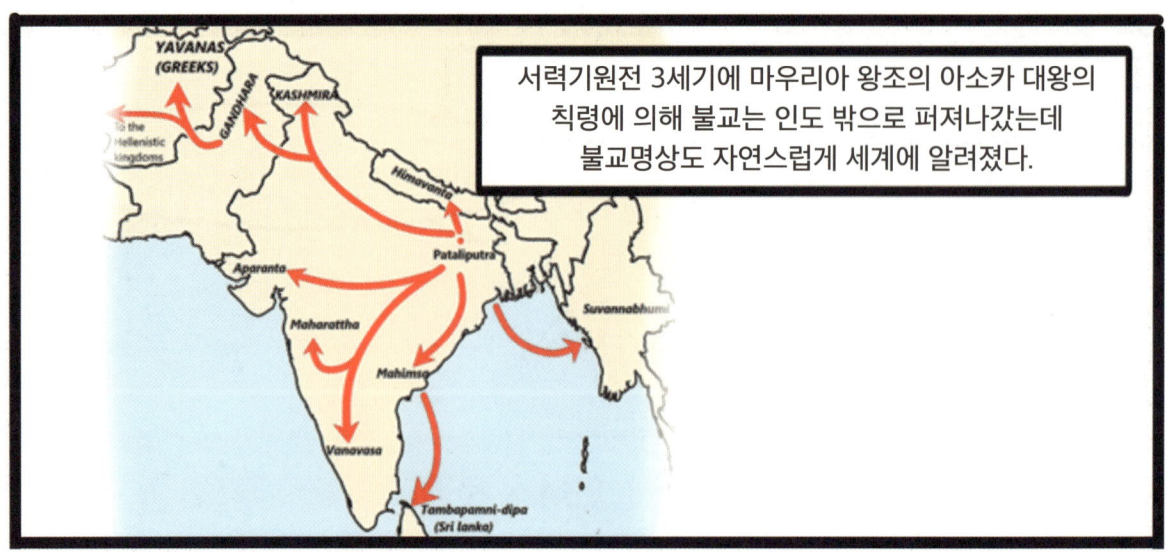

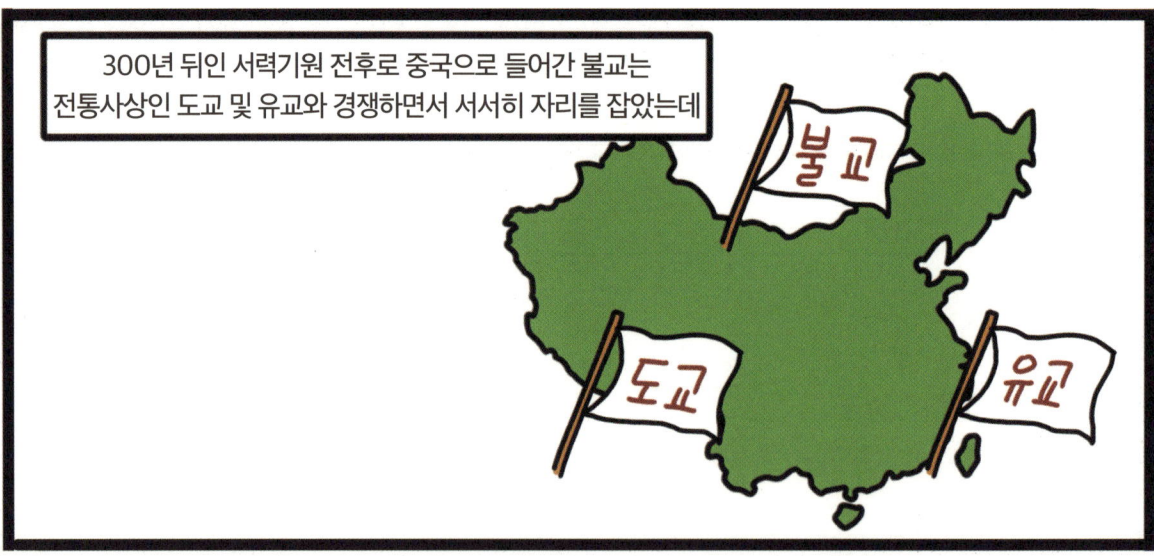

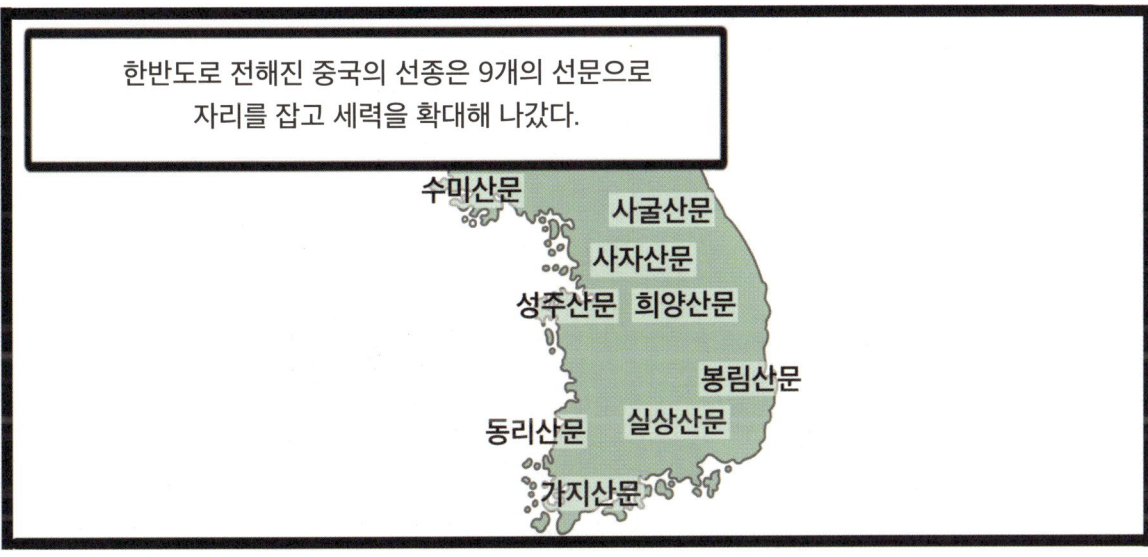

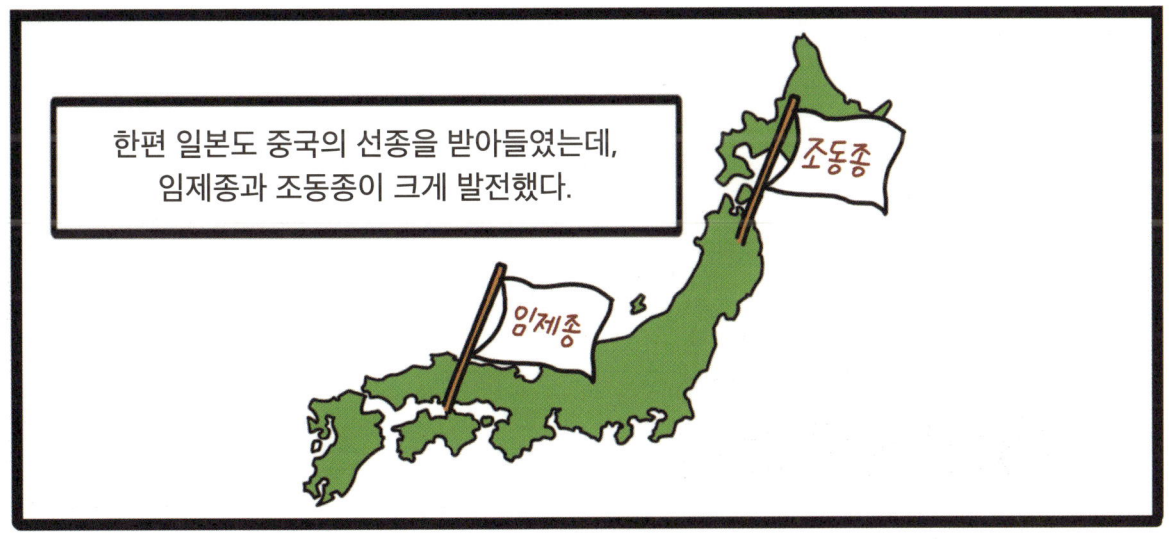

1900년대 후반이 되자 미국에서 활동하는 한국, 중국, 일본의 선사들에 의해

히피문화와 결합해서 열풍이 불었는데 지금은 소강상태지요.

미국에서 선불교가 크게 일어났다.

한편 일부 미국인들은 태국이나 버마에 가서 불교명상을 배워와

스트레스 해소 등을 목적으로 하는 명상을 보급했다.

한국의 경우 2000년 이후 미국에서 수입된 MBSR을 중심으로

위빠사나, 위빳사나 등으로 불리는 통찰명상으로

숨쉬기 명상, 바디스캔 명상, 달리기 명상 등이 있지요.

초기불교의 명상인 위빠사나가 유행하고 있다.

1) 명상의 역사

사람이 살아가기 위해서는 어떤 요소들이 필요할까? 숨을 쉬어야 하므로 공기가 필요하고, 갈증을 해소하기 위해 물이 필요하고, 음식을 위한 곡식이나 채소 등을 재배하려면 땅이 필요하고, 활동을 위한 에너지를 얻으려면 태양이 필요하다. 지地, 수水, 화火, 풍風, 이 4가지 요소를 모두 갖춘 곳은 강 주변이다. 사람들은 처음에는 작은 강 주변에 몰려 살았지만 숫자가 늘어나면서 큰 강 주변으로 이동했을 것이다.

인도 아대륙亞大陸의 서북쪽을 흐르는 큰 강인 인더스강변에도 많은 사람들이 몰려들어 문명을 만들었다. 고고학자들은 모헨조다로나 하라파 등 이들이 남긴 유적을 통해 수만 명이 가로세로 각각 2km 정도의 구역에 잘 정비된 도로와 상·하수시설 등을 갖추고 살았을 것이라고 한다. 신전 같은 것은 보이지 않지만 '지모신상地母神像'이나 '제사장으로 보이는 인물상', '요가 하는 인물상' 등을 감안하면 이들이 들판이나 강변에 모여서 땅의 신이나 강의 신에게 제사나 기도를 했을 가능성은 있다.

서력기원전 1500년 경, 즉 지금부터 3,500년 정도 전에 인더스문명은 갑자기 몰락했다. 처음에는 그 원인으로 '당시에 힌두쿠시 산맥의 카이바르 고개를 넘어서 인도로 들어오기 시작한 소위 아리아인들에게 원주민들이 죽임을 당했을 것'이라는 가설이 힘을 얻었다. 하지만 주요도시 등에서 파괴와 약탈의 흔적이 보이지 않고 정복되는 과정에서 죽임을 당한 인골도 아직 발견되지 않고 있다.

현재는 '기후가 인더스문명의 몰락에 결정적인 역할을 했을 것'이라는 가설이 힘을 얻고 있다. 인더스강과 그 지류들의 대규모 범람이나 바닷물의 역류가 심해져 농경지에 침투한 염분으로 인한 수확의 급감으로 인해 사람들이 도시를 버리고 이동했다는 주장이 기후가설이다. 이 기후가설은 유적들의 상태나 유물들의 형태 등에 부합하기 때문에 점점 많은 사람들의 공감을 얻어가고 있다.

그렇다면 인더스강을 떠난 사람들은 어디로 갔을까? 인더스강 주변의 지세를 보면 북쪽은 거대한 히말라야산맥이, 서쪽은 그에 버금가는 힌두쿠시산맥 등이 가로막고 있다. 하지만 동쪽이나 남쪽 방향에는 그런 장애물이 없다. 이런 경우 사람들은 동쪽으로 가거나 남쪽으로 이동할 수밖에 없다. 동쪽으로 간 사람들은 갠지스강이라는 큰 강과 그 지류들이 만든 비옥한 땅에 다시 자리를 잡았을 가능성이 높다. 남쪽으로 간 사람들 역시 큰 강을 만나 정착했을 것이다.

서력기원전 1500년에서 시작해 1000년 동안 갠지스강과 그 지류들 유역에는 큰 문명이 만들어졌다. 불교의 경전이 전하는 16개의 큰 나라들과 도시들을 보면 이들은 베다문명권의 범주에 있었다. 베다는 인도아대륙으로 들어온 아리아인들이 원래의 신앙에 원주민들의 신앙을 흡수해 만든 일종의 종교서적이다. 이를 감안하면 아리아인들이 인더스문명의 이주민들이나 갠지스강변의 원주민들과의 투쟁에서 승리했다고 볼 수 있다.

그런데 서력기원전 600년, 즉 지금부터 2,600년 전 무렵이 되면 베다문명에 반기를 드는 사람들이 나타났다. 베다문명의 지도자들은 소수의 바라문들이었다. 바라문들은 베다에 나오는 신들에 대한 찬가를 외우고, 그들을 찬양하고, 그들에게 공물을 바치면서 제사를 지내는 성직자들이었다. 또 바라문들은 정치지도자들인 왕족이나 귀족들까지 정신적으로 지배하고 조종할 수 있는 특권층이었다.

베다문명은 계급사회를 요구했다. 신들에게 제사지내는 바라문들이 제1계급, 왕족·귀족·장군·무사들로 구성된 크샤트리아는 제2계급, 농·공·상업 등에 종사하는 사람들로 구성된 바이샤는 제3계급, 천한 일에 종사하는 사람들이나 노예 등으로 구성된 수드라는 제4계급이었다. 이런 환경에서 바라문들의 권위를 부정하고 지배에서 벗어나려고 하는 사람들은 제자들을 받아 크고 작은 무리를 지었다. 이들 자유사상가들은 사정에 따라 한 곳에 머물거나 여러 곳으로 떠돌아다녔다.

불교의 경전은 자유사상가들을 대표하는 사람으로 6명을 들고 있다. 고행주의자인 니간타 나타풋타, 회의론자인 산자야 벨라리풋타, 유물론자인 아지타 케사캄발린, 숙명론자인 막칼리 코살라, 7가지 요소설의 파쿠타 캇차야나, 우연론자인 푸라나 캇사파가 그들이다. 이들 중에서 니간타 나타풋타는 불교의 경쟁자인 자이나교의 교주인 마하비라이다. 당시 유물론자를 제외한 자유사상가들은 대부분 고행에 명상의 초점을 맞췄다.

자이나교는 사실상 극단적인 고행을 요구했다. 업이라는 물질을 떨쳐내는 고행의 강도가 셀수록 그만큼 영혼은 빨리 정화되므로 해탈을 앞당길 수 있다. 고타마 싯다르타가 행했던 극단적인 고행을 감안하면 그는 일시적으로나마 자이나교의 수행방법을 실천했을 수도 있다. 하지만 싯다르타는 곧 극단적 절식 혹은 단식이라는 고행을 멈추고 우유죽이라는 음식물을 먹어 원기를 회복한 다음에 명상에 들어 마침내 모든 번뇌로부터 벗어난 해탈을 얻었다.

고타마 싯다르타는 출가 전에는 육체적인 쾌락을 경험했고, 출가 후에는 극단적인 고행을 경험했다. 이런 경험을 한 석가모니는 중도적 수행을 강조했다. 수행이 잘 안 된다는 현악기 연주자 출신 제자에게 '현악기의 줄이 너무 팽팽해도, 너무 느슨해도 좋은 소리가 나지 않는다'는 점을 상기시킨 것도 중도의 가르침이다. 이처럼 조급하지도 느슨하지도 않은 명상이 바로 불교명상인 것이다.

경전 등을 분석해 보면 석가모니는 스스로 경험했던 기존 명상들의 장점을 채택하고 여기에 중도적인 관점을 더해 불교명상을 만들었음을 알 수 있다. 그렇게 정립된 불교명상은 크게 위빠사나와 사마타로 나뉜다. 위빠사나로는 사념처四念處가 있고 사마타로는 사선四禪이 있다. 석가모니와 제자들은 자신들의 수준이나 선호에 따라 사념처와 사선을 같이 닦기도 하고 별도로 닦기도 했다.

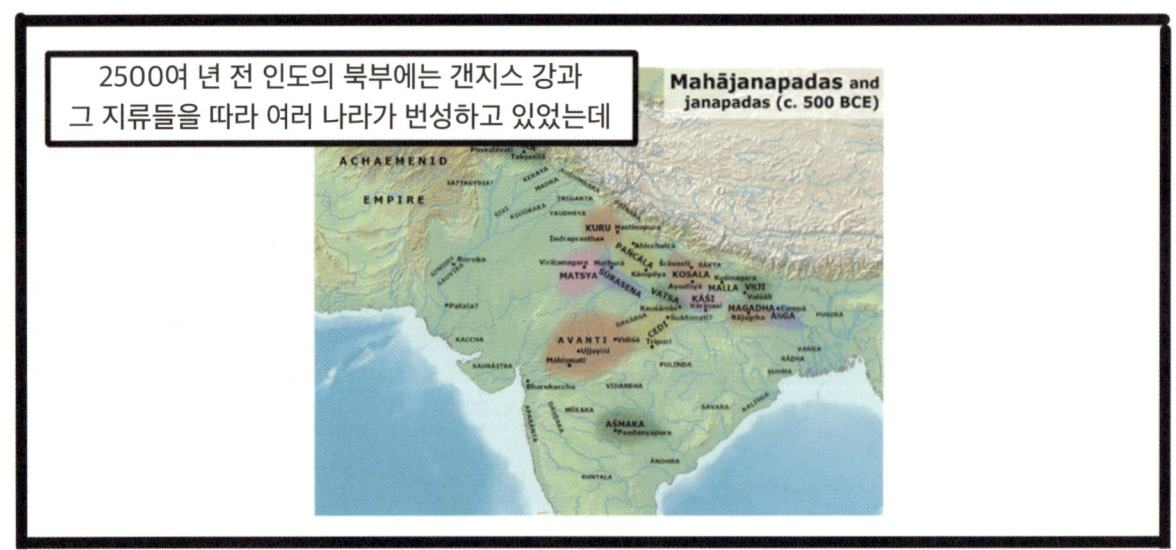

2) 불교의 탄생

바라문교의 입장에서 보면 불교는 자유사상가들 가운데 한 명인 고타마 싯다르타가 만든 새로운 주장일 뿐이다. 그런데 고타마 싯다르타, 아니 석가모니불의 주장은 아주 빠르게 동조자들을 모았다. 불을 섬기고 있던 가섭 삼형제는 석가모니불의 설법을 듣고 1,000명의 제자들과 함께 제자가 되었다. 회의론자인 산자야의 제자인 사리불과 목련은 동문 250명을 이끌고 와 제자가 되었다. 이후 불교는 신흥종교로 확실하게 자리를 잡았다.

불교는 바라문교에서 주장하는 신들을 부정했다. 불교의 이런 관점은 바라문교를 견제하거나 배척하는 세력의 지지를 이끌어 냈다. 왕들은 자기들 위에 군림하려는 바라문들을 견제하려는 목적으로 석가모니불을 공경하고 불교를 후원했다. 상업이나 공업을 통해 큰 부를 축적했지만 제3계급이라는 신분적 제약을 받고 있던 바이샤 부호들은 석가모니불과 제자들이 머물 수 있는 대규모의 건물을 지어 기증하는 등 경제적 측면에서 적극적으로 불교를 후원했다.

불교는 정치적이나 사회적 결사체가 아닌 종교이므로 당시의 계급사회를 전복시킬 수는 없었다. 대신에 석가모니불은 불교교단 안에서 계급을 없앴다. 따라서 불교교단은 출가자들에게 이전의 계급이 아니라 출가 순서에 따라 기본적인 서열을 부여했다. 여기에 더해 석가모니불의 가르침대로 수행해 해탈한 스님들은 특별한 지위를 인정받았다. 이는 불교교단에서 평등과 공정이 실행되고 있음을 의미한다.

불교는 일단 고통이라는 측면에서 세상을 정의하지만 동시에 그에 대한 긍정적인 해결책도 제시하는데 바로 고·집·멸·도의 사성제다. 모든 것은 괴로움인데 그 원인은 집착이다. 팔정도를 닦아서 집착을 없애면 모든 번뇌가 소멸해 괴로움이 없는 열반에 이를 수 있다. 팔정도 안에는 위빠사나의 핵심인 사띠를 수행하라는 정념正念과 사마타를 수행하라는 정정正定이 있다. 이처럼 불교는 세상에 대한 명확한 진단과 구체적인 처방을 제시한다.

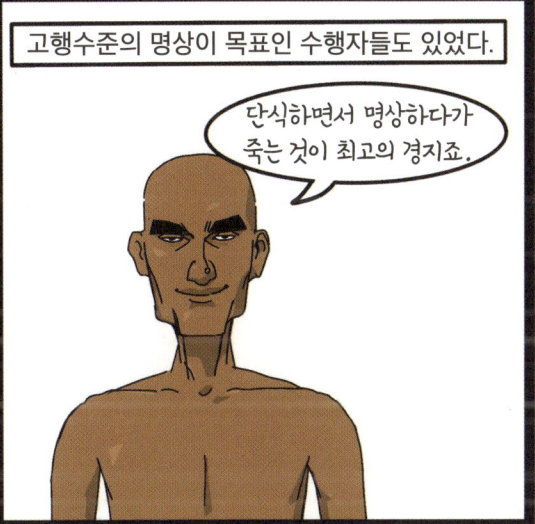

중도의 대표적인 경우가 바로 '팔정도'이다.

정견	- 바른 견해	정사유	- 바른 생각	정어	- 바른 말
정업	- 바른 행동	정명	- 바른 생활	정정진	- 바른 노력
정념	- 바른 집중	정정	- 바른 명상		

3) 불교명상 시작

대장경은 세 부분으로 되어 있다. 경은 두 종류가 있는데 북방불교의 경전과 남방불교의 경전이다. 한국, 중국, 일본 등 아시아의 북방에 있는 나라들이 공유하는 경에는 석가모니불을 비롯해 여러 부처님과 보살님들의 설법이 기록되어 있다. 이에 비해 스리랑카, 태국, 미얀마 등 아시아의 남방에 있는 나라들이 공유하는 경에는 석가모니 부처님과 제자들의 설법만이 기록되어 있다.

(계)율은 석가모니불이 교단을 운영하는 과정에서 구성원들이 지켜야 하는 사항들을 정한 것이다. 세월이 흐름에 따라 (계)율을 다르게 해석하여 독립하는 교단들도 나타났다. 하지만 남방불교 교단들은 대부분 같은 (계)율을 적용해 왔다. 북방불교의 교단들 역시 남방불교의 (계)율을 받아들여 구성원들에게 적용해 오고 있다.

논은 경(전)에 대해 후대의 불제자들(대부분이 스님들)이 논술한 것을 말한다. 남방불교에서 초기불교에 대한 논이 먼저 만들어졌고, 이후에 나타난 대승불교에 대한 논은 북방불교에 속하게 되었다.

경과 율, 그리고 논이 모여있는 것이 바로 대장경이다. 현재 남방불교도 북방불교도 각각 대장경(의 내용)을 잘 보관하고 있으므로 문자기록을 통해 불교를 배우고 싶은 사람은 대장경을 보면 된다. .

그런데 수행자인 고타마 싯다르타는 무엇을 공부해서 성불했을까? 경전을 보면, 고타마 싯다르타는 왕자 시절에 여러 스승들을 초청해서 학문을 배웠다. 스스로 출가해서 수행자가 된 이후에 그는 무소유처정과 비상비비상처정이라는 선정(禪定, 집중명상수행)을 배우고, 성불 직전에는 단식에 가까운 절식을 하면서 하는 선정을 했다.

수행자 고타마 싯다르타가 석가모니불이 되기 전에 했던 선정을 포함해 초기불교에서 제시하는 선정은 다음의 아홉 가지다.

초선: 감각적 욕망 등이 사라진 행복과 희열, 언어로 인한 인식작용이 있음.
이선: 행복과 희열, 언어적 인식작용이 사라진 '마음이 마음만을 인식하는 상태'가 있음.
삼선: 행복, 무심無心, 바라봄(sati)이 있음.
사선: '집착이 없는 무심함으로 대상을 흘려보내는 순수한 상태'만 있음.
※이상은 색계(色界, 형체가 있는 세계)의 네 가지 선정이다.
공무변처정: 물질적 요소에 대한 생각이 없어지고 무한한 공간을 자각함.
식무변처정: 무한한 의식을 자각함.
무소유처정: 공간이나 의식도 가질 것이 없음을 자각함.
비상비비상처정: 사유하는 것이 아니고 사유하는 것이 아닌 것도 아님을 자각함.
※이상은 무색계(無色界, 형체가 없는 세계)의 네 가지 선정이다.
상수멸정: 받아들임과 그로 인한 생각의 움직임이 완전히 사라진 상태.

고타마 싯다르타는 구차제정九次第定의 마지막인 상수멸정想受滅定에서 모든 번뇌가 사라지고 성불했다.

제2장
불교명상
왜 필요한가?

1) 종교적 필요성

아대륙이라 불릴 정도로 넓은 인도에는 수많은 언어가 사용되고 있다. 그래서 사람들 사이에 말이 안 통하는 경우도 허다하다. 오죽하면 영어가 공용어로 지정이 되었겠는가! 석가모니불이 활동하던 고대 인도는 이런 경향이 더욱 심했을 것이다.

석가모니불은 포교를 떠나는 제자들에게 그 지방의 언어를 사용하라고 당부했다. 여기에는 실용성과 유연성이 있다. 실용성은 해당 지방의 언어를 사용해야 포교가 가능하다는 것을 말한다. 유연성은 상황에 따라 방법을 바꾸는 것이다. 석가모니불의 대기설법, 즉 듣는 사람의 수준에 맞추어 내용을 조절하는 것도 여기에 속한다.

실용성과 유연성을 중시하는 기풍 때문인지 불교는 해당 지역의 종교적 부분의 일부 혹은 전부를 흡수하면서 자리를 잡았다. 어느 바라문에게 '너나 네 조상들 가운데 범천을 본 사람이 있느냐'면서 그 존재를 부정하던 석가모니불이 범천(브라흐마)은 물론이고 제석천(인드라)까지 바라문교의 주요 신들과 만나 대화를 하는 장면이 불경에는 심심찮게 등장한다.

이처럼 실용성과 유연성을 발휘한 불교는 빠른 속도로 인도아대륙의 북부지역에서 유력한 종교로 자리를 잡았다. 그래도 불교의 기본정신은 변함이 없었다. 출가와 재가를 막론하고 불자들은 해탈과 열반이라는 목표에 도달하기 위해 사마타와 위빠사나를 수행했다.

불교가 중국으로 전해지고 수백 년 뒤에 나타난 선종이나 참선은 초기불경에 등장하지 않는다. 그래서 선종과 참선을 중국인의 발명품이라 부르는 이들도 있다. 하지만 선종과 참선은 현란할 정도로 번성했던 교종들이 사라질 때도 살아남았다. 여기에는 참선의 효용성도 분명히 작용했을 것이다. 초기불교 사마타(집중명상)의 중국식 버전이라고 할 수 있는 참선이 중국불교의 소멸을 막은 것은 아닐까?

중국은 물론이고 한국, 일본 등 동북아시아 선종의 역사를 살펴보면 참선수행자들은 자신들의 정체성을 불(제)자라고 여겼다. 다시 말해 그들은 자신들이 사마타나 위빠사나가 아닌 참선을 수행한다고 해서 불교가 아닌 다른 종교인이라고 생각하지 않았다는 것이다. 석가모니불 당시에 초기불교가 보여준 실용성과 유연성을 적용하면 선종과 참선의 탄생 역시 자연스러운 일이라고 할 수 있다.

초기에 만들어진 경전들을 보면 석가모니불의 지도를 받아 아라한이 된 사람들이 많이 등장한다. 초기불교에서 아라한은 사실상 석가모니불과 동격이다. 아라한이라 불리기도 했던 석가모니불도 스스로를 '진리의 길에서 맨 앞에 가는 사람일 뿐'이라고 했다. 이처럼 성불의 길은 열려 있는 것이다.

한마디로 말해 참선은 부처가 되는 지름길이다. 많은 사람들이 이 길을 걸어갔다. 만약 경전을 보거나 그 내용을 듣는 사람들이 모두 성불했다면 참선이 생기지 않았을 것이다. 위빠사나 역시 마찬가지다. 석가모니불은 위빠사나를 수행하면 단기간에 최고의 지혜를 얻어 아라한이 되고 열반에 이를 수 있다고 했다. 종교적 측면에서 볼 때 불교명상은 필수요소인 것이다.

2) 심리적 필요성

진화심리학자인 로버트 라이트는 그의 저서인『불교는 왜 진실인가(Why Buddhism is True)-진화심리학으로 보는 불교의 명상과 깨달음-』에서 인간은 원래 미망迷妄에 빠지도록 프로그램이 되어 있다고 주장한다. 그에 의하면 유전자를 남기기 위한 자연선택이 거듭되는 과정에서 인간의 정신은 특정한 형태의 지각, 생각, 느낌을 가지게 되었다. 이 역시 일종의 진화이지만 문제는 그런 지각, 생각, 느낌이 사물과 현실을 있는 그대로 보는 것을 방해한다는 것이다.

따라서 로버트 라이트는 인간이 사물과 현실을 있는 그대로 보기 위해서는 불교명상, 그중에서 위빠사나를 해야 한다고 주장한다. 위빠사나는 Insight(통찰)로 번역되는데, 이 영어단어는 대상을 나누어 그 안(in)에 있는 내용까지 살피는(sight) 위빠사나의 특징을 잘 나타내고 있다.

초기불교에서는 무아(無我: 내가 없음)를 뒷받침하는 근거로 오온五蘊을 제시한다. 나는 내가 고정불변한 실체가 아닌 색色이라는 물질적 요소와 수受, 상想, 행行, 식識이라는 정신적 요소로 이루어진 것을 통찰(Insight, 위빠사나)해야 한다. 위빠사나가 잘 이루어진 사람은 탐貪·진瞋·치痴 삼독三毒은 물론이고 그 밖의 여러 가지 심리적인 흐름에도 잘 대응할 수 있다.

진화심리학에 의하면 인간을 미망에 빠뜨리는 것은 바로 인간의 두뇌이다. 다시 말해 우리의 뇌가 우리가 유전자를 다음 세대에 잘 전달해 줄 수 있도록 우리를 조종한다는 것이다. 이것이 사실이라면 두뇌의 활동을 최소화시키는 참선이 뇌가 만든 미망에서 벗어나는 제일 좋은 방법이 될 수도 있다.

위빠사나 수행자는 대상의 무상, 무아, 고를 인지하는데, 엄밀하게 말하면 이 역시 일종의 두뇌활동이다. 그런데 참선은 이런 뇌의 활동을 중지하는 방향으로 간다. 예를 들어 화두를 들고 참선을 하는데 이 화두에 대한 의심疑心이 의정疑情이 되고, 그 의정이 다시 의단疑團이 되고, 마침내 의단만이 남아 있는 상태에서는 사실상 두뇌활동이 없다. 그렇다고 뇌가 죽은 것이 아니다. 이는 초기불교 쪽에서 말하는 이른바 상수멸정想受滅定의 상태인 것이다.

참선으로 깨달음을 얻은 조사들은 번뇌煩惱가 바로 보리菩提라고 한다. 그렇다면 번뇌의 원인이 되는 미망은 무엇이란 말인가? 미망 혹은 무명無明도 사실은 심리적 그림자에 불과한 것인가? 일종의 역발상인 이런 시각이 심리학을 한 단계 더 도약시킬 수도 있을 것이다.

3) 건강상 필요성

1980년대에 미국의 대도시를 중심으로 참선센터가 많이 만들어졌다. 이처럼 참선이 크게 유행할 때 많은 유태인들이 좌선을 배웠다. 대부분의 유태인들은 좌선을 배운 후에 심신의 건강이 좋아졌다고 말했다. 그들은 참선의 기능적 측면을 잘 활용했던 것이다.

사람이 건강을 유지하기 위해서는 물과 음식, 햇빛과 공기 등이 필요하다. 이 중에서 공기는 몇 분만 공급이 되지 않아도 사람은 죽거나 뇌가 망가진다. 도시의 공기는 여러 가지 이유로 품질이 떨어지고 있는데 그나마 이런 공기도 제대로 호흡하지 못하고 있는 것이 현실이다. 이 부실한 호흡의 개선에 좌선은 크게 도움을 줄 수 있다.

좌선의 목적이 오래 앉아 있는 것은 절대로 아니다. 하지만 수행이나 명상이 제대로 되려면 수행자는 일정 시간 동안 앉아 있어야 한다. 이때 수행자를 앉아 있을 수 있게 하는 지주가 바로 척추이다. 척추를 곧게 펴고 앉으면 그러지 않은 경우보다 오래 앉아 있을 수 있다.

올바른 참선 자세는 목 역시 바르게 펼 것을 요구한다. 참선 명상의 수행자나 수련자가 좌선을 통해 척추와 목을 바르게 유지하는 습관을 들이면 호흡을 원활하게 할 수 있을 뿐만 아니라 척추나 목의 디스크로 인한 질병을 예방하거나 개선할 수 있다. 위빠사나명상의 수행자나 수련자가 좌선과 같은 자세를 한다면 참선 명상의 경우와 같은 효과를 얻을 수 있다.

척추를 곧게 펴면 폐와 위장 등 눌려 있는 장기가 제 모양과 위치를 찾아간다. 이런 상태로 숨을 쉬면 제대로 된 호흡을 할 수 있다. 우리의 눈도 산소를 필요로 하는데, 이 산소 역시 호흡으로 공급된다. 따라서 양질의 호흡을 가능하게 해 주는 좌선을 하고 있는 동안에는 우리 몸의 상태가 개선될 가능성이 높다. 좌선과 그에 따른 호흡법의 유용성을 잘 말해 주는 좋은 예가 바로 금속공학자인 박희선 박사의 경우이다.

50대에 참선을 시작한 박희선 박사는 좌선을 통해 축농증이나 관절염 등 여러 가지 성인병을 고쳤다. 뿐만 아니라 돋보기 2개를 겹치지 않으면 신문의 활자를 읽지 못하던 그의 눈이 약물이나 영양제의 도움 없이 시력 1.2상태로 개선되었다. 또 국민대학교에 근무하던 시절인 70대에 학교 뒤편의 북한산 자락을 올라갔다 내려오는 마라톤에서 학생들을 제치고 1등을 하거나 히말라야 산악마라톤에서 최고령으로 완주하는 노익장을 보여주기도 했다. 이런 내용들은 그가 쓴 『생활참선』이란 책에 자세히 나오는데 참선 명상의 건강상 필요성에 대해 잘 말해 주고 있다.

그런데 위빠사나명상을 포함한 초기불교의 수행전통에는 자세 이외에도 건강에 좋은 요소가 한 가지 더 있다. 그것은 '어떤 경우에도 화를 내지 말 것'이다. 화-특히 한 순간에 폭발적으로 터져 나오는 화-는 신경계에 교란을 일으키고 세포를 죽이는 등 우리의 건강에 해를 입힐 수 있기 때문이다. 자신이 자신을 해치는 화를 불교명상 수행자나 수련자는 잘 다스릴 수 있다.

제3장
위빠사나 명상

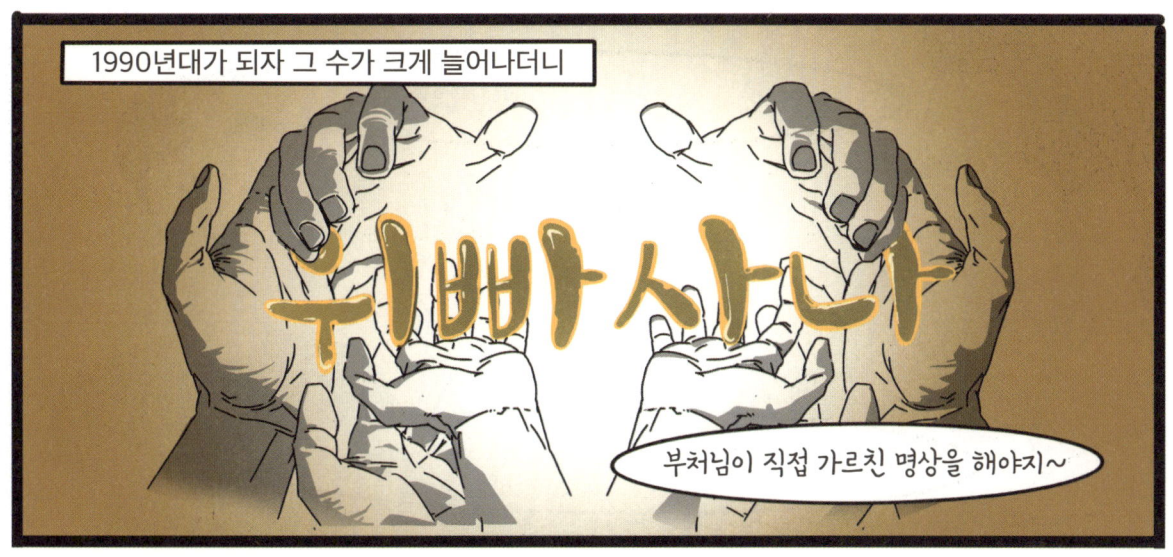

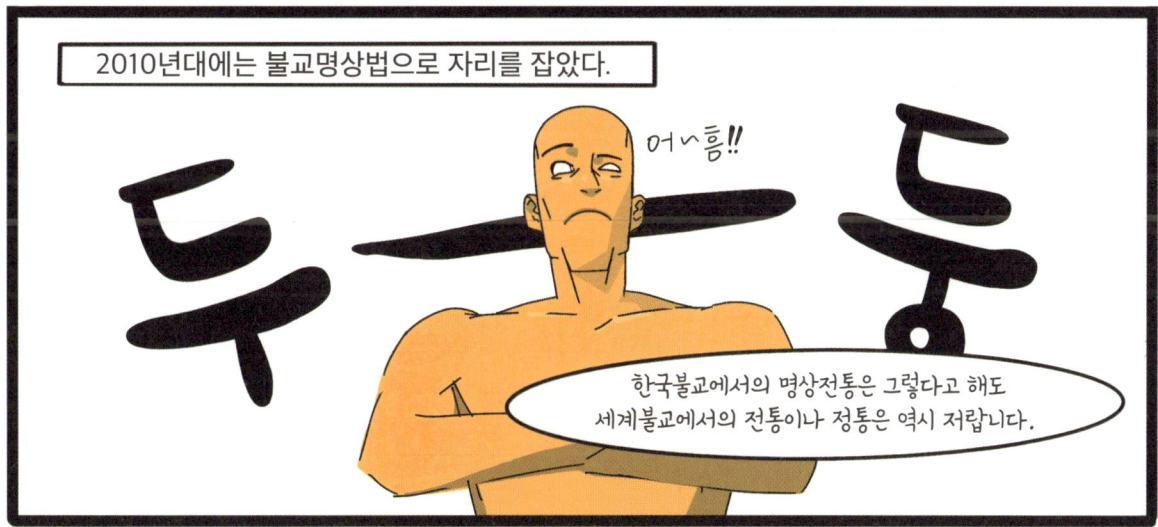

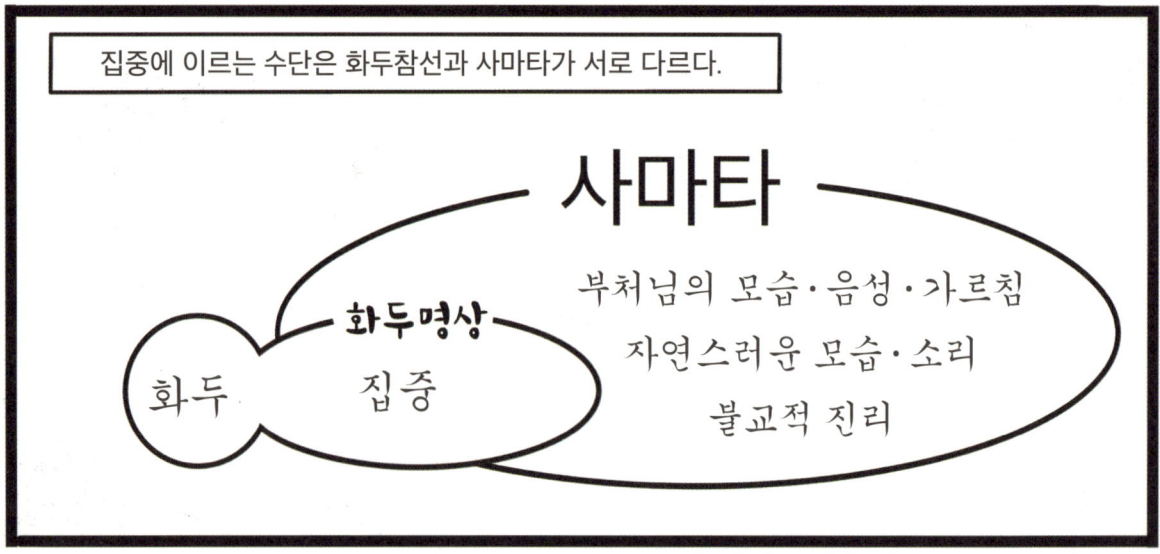

1) 위빠사나 명상의 원리

사람이 동물과 구별되는 가장 큰 특징은 언어이다. 사람들은 언어를 이용해 원활한 소통을 함으로써 보다 높은 단계의 사회생활이 가능하게 되었다. 그런데 언어에는 한국어, 영어, 중국어, 프랑스어, 일어 등등 여러 가지가 있다 보니 자연스럽게 번역이 생겨났다. 특히 종교의 전파는 번역의 도움을 받은 대표적인 경우라 할 수 있다.

불교가 중국으로 전해질 때 많은 경전들이 한문으로 번역되었다. 스님이나 재가불자 등 언어의 천재들이 이 번역불사에 일생을 바쳤는데 대표적인 경우가 쿠마라지바 스님과 현장 스님이다. 수백 년에 걸친 이 번역물들을 모두 모아 간행한 것이 바로 대장경이다.

우리나라의 경우 고려시대에 조성된 팔만대장경이 해인사 장경각에 보존되어 전해지고 있다. 공자가 창시한 유교가 지배이념이 된 조선의 지도자들도 이 팔만대장경만큼은 나라의 보물로 여겨 보존과 전승에 정성을 보였다.

1990년대 들어서 한국에 불기 시작한 초기불교 바람은 '불경의 새로운 번역'이란 화두를 던졌다. 이 화두의 풀이에 도전한 불자들은 인도나 스리랑카 등 남방불교 국가로의 유학이나 독학을 통해 빨리어를 습득한 다음에 이를 한국어로 번역했다. 이른바 부처님의 원음에 가장 가깝다고 알려진 빨리어 대장경이 한국어로 번역되어 나오면서 일반불자들에게도 불교의 수행법이 알려지게 되었는데 그것이 바로 위빠사나(Vipassanā)인 것이다.

현재 빨리어 위빠사나는 한국어의 경우 '통찰명상'으로 번역되어 사용되고 있다. 통찰이란 말에는 '관찰을 통해 사물을 꿰뚫어 봄'이나 '갑작스런 알아차림'이란 뜻이 있다. 이는 위빠사나라는 말의 뒷부분인 빠사나(passanā)에 해당하는 의미이다. 그런데 앞부분인 위(vi)에는 '(부분으로) 나눔'이라는 의미가 있다.

따라서 위빠사나를 가리키는 통찰명상의 의미는 '(명상의 대상을) 나누어서 살펴봄으로써 알아차리는 명상'이 된다. 이에 따라 위빠사나의 기본원리는 '대상의 나눔 → 잘 살펴봄 → 알아차림'이 된다.

* 위빠사나(Vipassanā)의 의미

위빠사나(Vipassanā)는 어원을 분석해 보면 그 뜻을 명확하게 알 수 있다.
빨리어 Vipassanā는 vi와 passanā의 합성어이다. 단어의 앞에 붙는 말인 접두어 위(vi)에는 '나누는', '다양한', '뛰어난' 등의 의미가 있다. '보다', '본다'라는 뜻인 동사 빠사띠(passati)의 명사형인 빠사나(passanā)에는 '알아차림', '꿰뚫어 봄', '자세히 살펴봄' 등의 의미가 있다.

따라서 위빠사나는 '나누어서 하나하나 알아차림'이나 '나누어서 하나하나 자세히 살펴봄'이라고 할 수 있다. 다시 말해 살펴봐야 할 어떤 대상이 있다면 그것을 나누어서 하나하나 자세히 살펴보는 것이다. 이렇게 해야 그 대상에 대한 '올바른 앎'이 이루어지는 것이다.

예를 들어 집이 위빠사나의 대상이라고 한다면 내부로 들어가 큰방, 작은방, 서재, 거실, 주방, 식당, 욕실, 화장실, 베란다, 세탁실 등을 일일이 자세히 살펴보고 알아차리는 것이다. 이는 그 집 안에 들어가서(in) 보는(sight) 것이니 Insight, 즉 통찰이 된다.

*위빠사나 명상의 원리

'나누어서 하나하나 알아차림'이나 '나누어서 하나하나 자세히 살펴봄'이라는 의미를 가진 위빠사나가 불교에서 사용되면 그 자체로 명상이라는 기능을 수행한다. 왜냐하면 석가모니불은 번뇌의 소멸인 열반으로 이끄는 방편으로 위빠사나를 사용하고 있기 때문이다.

따라서 불교에서 위빠사나를 하기 위해서는 위빠사나를 행하는 사람의 '안정된 마음'이 필요하다. 그래야 '나누어서 하나하나 알아차림'이나 '나누어서 하나하나 자세히 살펴봄'이 제대로 되기 때문이다. 위빠사나 명상의 전제인 '안정된 마음'과 위빠사나의 목적인 '올바른 앎'을 감안하면 위빠사나 명상의 원리는 다음과 같다.

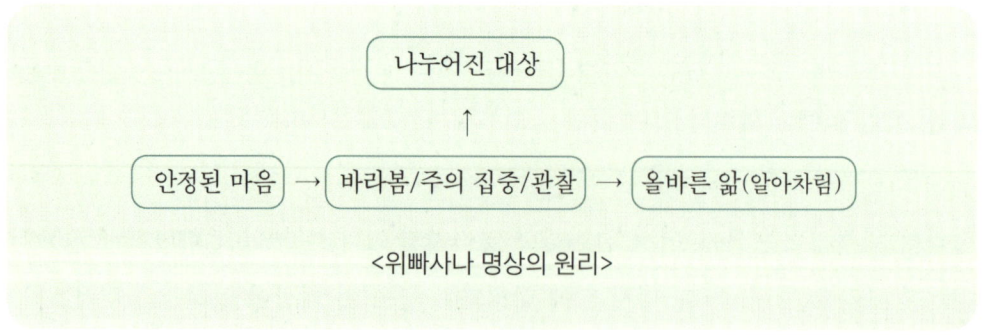

<위빠사나 명상의 원리>

2) 위빠사나 명상의 실제

석가 종족 출신의 수행자 고타마 싯다르타는 당시에 유행하는 여러 가지 수행을 경험했다. 그래서 석가모니불의 가르침에는 불살생이나 해탈 등 당시 종교사상계에 유행하던 가르침들이 포함되어 있다. 하지만 세상과 인생을 보는 관점이나 그에 따른 해결법은 다른 종교가나 사상가들과 구별되는 독특한 것이었다.

석가모니는 인간을 스스로가 일으킨 세 가지 독소인 탐욕, 성냄, 어리석음의 불길 속에서 고통을 받고 있는 존재로 봤다. 이는 부정적인 인간관이라고 할 수 있다. 하지만 이런 인간관에는 수행의 필요성을 제시하는 긍정적인 측면도 있다. 고타마 싯다르타 붓다 당시에 불교와 경쟁관계에 있던 자이나교의 악업惡業이나 현재 불교와 경쟁관계에 있는 기독교의 원죄原罪도 마찬가지다.

당시 자이나교의 경우 악업의 정화를 통한 해탈을 위해 극단적인 단식을 권장했다. 하지만 고타마 싯다르타 붓다는 인간이 고통에서 벗어나는 방법으로 팔정도八正道, 즉 '여덟 가지 올바른 수행방법'을 제시했다.

초기불교에서 수행법으로 제시한 팔정도의 내용은 다음과 같다.

* 정견正見: 올바른 견해로, 연기법 등에 대해 바르게 봄을 뜻함.
* 정사유正思惟: 올바른 생각이나 의도로, 바른 지혜에 의지한 생각이나 의도를 뜻함.
* 정어正語: 올바른 말로, 거짓말, 욕설, 양 갈래 말, 꾸미는 말이 없는 정직한 언행을

뜻함.
* 정업正業: 올바른 행위로, 살생, 도둑질, 성추행 등이 없고 남을 돕는 선행을 뜻함.
* 정명正命: 올바른 삶으로, 몸, 입, 뜻으로 연기법이나 인과법에 부합하는 것을 뜻함.
* 정근正勤: 올바른 노력으로, 열반을 향해 나아감을 뜻함. 정정진正精進이라고도 함.
* 정념正念: 올바른 되새김(기억)이나 집중으로, 대상에 대한 순수한 바라봄을 뜻함.
* 정정正定: 올바른 몰입, 즉 삼매로, 명상의 깊고 순수한 상태를 뜻함.

팔정도에서 불교명상과 관련이 있는 것은 정견, 정사유, 정근, 정념, 정정으로 볼 수 있는데, 여기서 다루는 부분은 정념이다.

"마하반야바라밀다심경 관자재보살 행 심 반야바라밀다…….." 이는 『반야심경』 낭송이다. 불교행사에 참석해 본 사람이라면 누구나 이 과정을 만난다. 제목을 포함해서 260여 자로 구성된 『반야심경』은 5분 전후로 낭송을 마칠 수 있기 때문에 행사에서 낭송되기에 적합한 경전이다. 그래서 현재 한국불교의 여러 가지 행사에서 약방의 감초처럼 빠지지 않는 과정이 바로 '『반야심경』 낭송'인 것이다.

한국에서 불교신자가 되는 사람들은 누구든지 『반야심경』을 외우라는 권유를 받는다. 그 결과 불자자면 대부분 『반야심경』을 암송暗誦할 수 있다. 암송은 '글을 안 보고 입으로 외움'을 뜻한다. 『반야심경』을 글자를 안 보고 외우기 위해서는 해당 글자들을 기억하는 과정, 즉 되새기는 과정이 머릿속에서 먼저 일어나야 한다. 이는 우리도 모르게 『반야심경』을 암송하면서 되새김, 즉 사띠를 실행하고 있음을 의미한다. 이런 사띠의 실행은 초기불교의 불자들에게는 반드시 필요했다.

『반야심경』의 암송이 안 되는 불자는 어떻게 하면 될까? 당연히 그런 사람들은 『반야심경』이 들어 있는 인쇄물을 보고 읽으면 된다. 그런데 고타마 싯다르타 붓다 당시의 불자들은 이것이 불가능했다. 왜냐하면 당시에는 문자가 없었을 가능성이 높고, 설령 문자가 있었다고 해도 종이 등 기록수단이 드물었으며, 또 당시 사람들 대부분은 문맹이었을 가능성이 높기 때문이다.

불교 최초의 경전이라고 인정되는 『법구경』의 경우 빨리어 게송(偈頌)으로 되어 있다. 게송은 시의 형태로 된 짧은 문구들을 말한다. 이런 문장에 가락을 붙인다면 외우기 쉽다. 한문을 처음 배울 때 읽는 천자문을 "하늘~천 따~지"처럼 가락을 붙여 외우는 것과 같다.

또 빨리어가 말만 있었고 이 말을 표기하는 문자가 없다는 점도 초기불교 경전의 암송에 힘을 실어주고 있다. 지금 세계에 통용되고 있는 팔리어 경전들은 영국의 불교학자인 리즈 데이비스 부부에 의해 로마자로 표기된 내용들이다.

여하튼 고타마 싯다르타 붓다의 가르침을 들은 제자들은 그 가르침을 되새기는 것을 아주 중요하게 여겼음이 틀림없다. 왜냐하면 이 되새김은 가르침을 되새기는 제자 자신의 수행도 될 뿐만 아니라 다른 사람들에게도 그 내용을 전달할 수 있기 때문이다.

되새김(기억)을 위한 또 하나의 장치는 반복이다. 빨리어 초기불교 경전을 그대로 번역한 책들을 보면 불편함을 느낄 정도로 같은 문구의 반복이 계속되는 경우가 있다.

문자로 된 경우에 같은 문장의 반복은 낭비라고도 할 수 있지만 암송, 즉 외우는 것이 내용을 파악하거나 전달하기 위한 유일한 방법이라면 같은 문장의 반복은 효과적인 학습법이다.

니까야로 불리는 초기불교 경전이 '이와 같이 나(아난)는 들었다'라는 문구로 시작되고 있는 점도 해당 내용의 암송에 의한 보존과 전승임을 의미한다. 고타마 싯다르타 붓다가 열반에 들고 난 직후에 이루어진 모임, 즉 제1차 결집에서 기억력 천재인 아난이 먼저 암송하고 다른 아라한들이 역시 암송으로 그 내용을 검증했다.

이런 여러 가지 점들을 감안하면 되새김(기억)을 올바르게 하는 삼마사띠, 즉 정념은 반드시 수행법인 팔정도 안에 들어가야만 하는 것이다. 그런데 사띠가 팔정도 안에 포함되어야 하는 또 다른 이유는 바로 『대념처경大念處經』이나 『염처경念處經』 때문이다.

대념처경으로 번역된 빨리어는 '마하사띠빳따나 숫따(Mahasatipaṭṭhāna-sutta)'이고 염처경으로 번역된 빨리어는 '사띠빳따나 숫따(Satipaṭṭhāna-sutta)'이다. 빨리어를 기준으로 보면 두 단어의 차이는 마하(maha)의 유무有無이다. 두 경전을 비교해 보면 내용이 거의 같기 때문에 마하는 일종의 강조로 사용되었음을 알 수 있다.

따라서 두 경전의 제목에서 핵심 단어는 사띠빳따나(satipaṭṭhāna)이다. 빳따나(paṭṭhāna)는 '확립'이라는 뜻이므로 사띠빳따나는 '사띠의 확립'이 된다. 문제는 이 경우 사띠(sati)의 뜻이 팔정도에서 본 되새김(기억)에 한정되지 않는다는 것이다.

고타마 싯다르타 붓다의 모든 가르침은 정도의 차이는 있지만 그 내용을 접하는 사람들을 열반으로 이끈다는 목표를 가지고 있다. 『대념처경』이나 『염처경』은 이 목표를 더욱 분명하게 하고 있다.

『대념처경』이나 『염처경』을 보면, 붓다는 자신이 제시한 내용대로 수행하면 누구든지 열반에 도달할 수 있다고 한다. 초기불교에서 길고 짧은 수천 개의 경전들 가운데 불교수행자들의 최종목표인 열반의 증득을 이처럼 분명하게 보장하는 경전은 드물다. 이는 이 경전들의 제목에 있는 염, 즉 사띠의 의미가 단순하게 가르침의 기억이나 되새김(기억)이 아님을 암시한다.

『대념처경』이나 『염처경』에서는 염처, 즉 염을 확립해야 하는 대상을 특정하고 있다. 이 대상은 크게는 신身·수受·심心·법法의 네 가지 갈래로 나눌 수 있고, 그 네 가지 갈래에서 각각 많게는 수십 가지의 갈래로 나뉜다.

『대념처경』이나 『염처경』에서 염처의 큰 갈래인 신, 수, 심, 법의 의미는 다음과 같다.

* 신身: 사람의 몸을 뜻함.
* 수受: 사람의 몸(감각기관)을 통한 느낌을 뜻함.
* 심心: 사람의 마음을 뜻함.
* 법法: 붓다의 가르침을 뜻함.

제3장 위빠사나 명상

이 네 가지 대상이나 그 하위 대상에 대해 염을 확립하는 원리는 다음과 같다.

> 대상에서 대상을 관찰
> ↓
> 무상에 대한 지속적이고도 철저한 앎과 알아차림
> ↓
> 마음과 물질의 세계에 대한 욕망과 혐오를 제거

이와 같이 염을 확립하는 원리는 '관찰 → 알아차림 → 제거'라는 세 가지 과정으로 되어 있다. 여기서 알아차리는 과정과 제거하는 과정을 확립으로 본다면 관찰하는 과정이 염이 되고, 제거하는 과정을 확립으로 본다면 관찰하는 과정과 알아차리는 과정이 염이 된다. 이처럼 『대념처경』과 『염처경』의 염이 '관찰'이거나 '관찰+알아차림'이라면 이 염은 '되새김(기억)'인 염과 다른 것일까?

되새김(기억)의 기본원리는 과거에 학습하거나 경험한 내용을 불러내어 그대로 반복하는 것이다. 이 반복이 성공하려면 학습하거나 경험한 내용을 대면하고 관찰해서 그 내용을 알아차리는 과정이 먼저 이루어져야 한다. 『반야심경』을 암송하는 경우를 예로 들면, 되새김(기억)이 일어나는 과정에서 한자나 한글로 된 글자들이나 소리들을 대면하고 관찰해서 그 내용을 알아차리는 과정이 먼저 일어난다. 이 과정이 점점 익숙해질수록 대면, 관찰, 알아차림은 약해지고 반복이 되새김(기억)의 대부분이 된다.

우리는 하루에 『반야심경』을 몇 번이나 암송할 수 있을까? 한 번 암송하는데 5분이 걸린다고 하면 1시간에 12번이 가능하고 24시간(하루)에는 288번 암송할 수 있다. 그런데 염송念誦을 하게 되면 『반야심경』의 암송횟수는 훨씬 늘어난다. 이 경우의 염송은 단순하게 『반야심경』의 구절을 차례로 떠올리면서 외우는 것이 아니라 『반야심경』의 10분의 1 내지 전체를 한 번에 보면서 그 내용을 알아차리고 반복하는 것이다.

『반야심경』보다 분량이 수십 배 많은 『금강경』의 경우도 마찬가지다. 만약 여러분이 『금강경』 전체를 떠올려 그 내용을 알아차릴 수 있다면 수 초 안에 『금강경』을 1번 암송하는 것이 가능해진다. 이런 식의 『금강경』 암송이 이어진다면 수십 일 만에 『금강경』을 백만 번이나 암송하는 것도 가능하다. 이처럼 불경의 염송은 단순히 그 내용을 외우는 것이나 구절구절이 이어져나가는 것이 아니라 그 내용에 대한 대면, 관찰, 알아차림이 선행된 후에 반복되는 것이다.

이처럼 되새김(기억)이 이루어지는 과정이나 불경의 염송 과정을 살펴보면 알 수 있듯이, 불교에서 사용되는 염은 단순한 반복이 아니라 대면, 관찰, 알아차림이 포함되어 있는 말이다. 『대념처경』이나 『염처경』에서 대상에 대한 관찰과 알아차림을 염처, 즉 염을 확립하는 과정으로 나타낸 것은 염이 가지고 있는 관찰과 알아차림이라는 기능을 분명하게 한 것이다. 염의 이런 기능은 바로 위빠사나(Vipassanā)의 그것과 서로 통한다.

한글 통찰명상으로 번역되는 빨리어 위빠사나는 나눈다는 뜻을 가진 위(vi)와 알아차림이나 살펴봄의 뜻을 가진 빠사나(passanā)로 이루어져 있다. 여기서 빠사나의 의미를 고려하면 이 말은 사띠(염)라는 말의 다른 표현이라고 할 수 있다. 하지만 빠사나에는 사띠(염)가 가지고 있는 또 하나의 기능인 되새김(기억)은 없다. 만약 사성제나 팔정도처럼 과거에 학습한 내용이나 경험이 위빠사나의 대상이 되면 이 대상들은 과거의 복사물이 아니라 현재의 사물이 되는 것이다.

불십호佛十號는 붓다를 표현하는 10가지 호칭이다. 조어장부調御丈夫는 이 불십호의 하나로 '말을 다스리는 데 뛰어난 사람'이란 뜻이다. 붓다는 출가 이후는 물론이고 출가 이전에도 마부를 한 적이 없는데 왜 이런 호칭이 생겨났을까? 그것은 우리의 마음이 날뛰는 말과 같기 때문이다.

우리의 마음은 변덕이 심하다. 심지어는 눈을 깜박이는 시간보다 짧은 찰나지간에도 여러 번이나 바뀔 수 있다. 이는 여러분이 명상을 시도하면 잘 알 수 있다. 마음은 여러 가지 개념이나 이미지를 만들어 내어 여러분의 정신을 과거나 미래의 어떤 장소로 끌고 다니며 장면들을 그려낸다. 그래서 마음에는 그림을 그리는 화가나 수행을 방해하는 마귀, 즉 심마心魔라는 별명이 붙은 것이다.

다행히 『대념처경』이나 『염처경』에는 화가나 심마와 같은 마음의 동요를 제어하기 위한 장치가 있는데 바로 '○○에서 ○○을 본다'라는 수행법이다.

『대념처경』이나 『염처경』에서 고타마 싯다르타 붓다는 '몸에서 몸을 보라', '느낌에서 느낌을 보라', '마음에서 마음을 보라', '법에서 법을 보라'고 한다. 몸, 느낌, 마음, 법에서 일어나는 여러 가지 변화를 관찰하려면 그냥 '몸을 보라', '느낌을 보라', '마음을 보라', '법을 보라'고 해도 되는데 왜 몸(느낌, 마음, 법)에서 몸(느낌, 마음, 법)을 보라고 했을까? 그것은 '온전한 집중'을 위해서다.

예를 들어 '몸을 보라'는 가르침에 따라 몸을 볼 경우 '보는 나'와 '보이는 몸'의 분리가 생겨난다. 이는 이른바 주체와 객체의 분리인 것인데, 주체가 객체에 온전하게 집중하면 문제가 없다. 하지만 마음이라는 주체의 특성상 주체가 온전하게 객체에 집중하기 어렵다. 이런 문제를 해결하기 위해서는 주체와 객체의 분리가 일어나지 않으면 된다. 이를 위한 장치가 바로 '몸(느낌, 마음, 법)에서 몸(느낌, 마음, 법)을 보라'는 것이다.

『대념처경』이나 『염처경』에서 붓다가 제시하는 첫 번째 수행의 대상은 '호흡'이다. 호흡은 우리 몸에서 일어나는 가장 중요한 생리현상이지만 태어나면서부터 시작된 것인 만큼 평소에는 관심을 받지 못한다. 이제 우리의 생명을 유지해 주는 제1필수 요소인 호흡에 대한 위빠사나를 해 보자.

그런데 호흡은 들숨과 날숨이다. 따라서 호흡명상수행자가 대면하고 관찰하며 알아차려야 하는 대상은 들숨과 날숨으로 나뉜다. 숨을 들이쉬면서 들이쉼을 대면하고 관찰하며 알아차리면서 들이쉬고, 숨을 내쉬면서 내쉼을 대면하고 관찰하며 알아차리면서 내쉰다. 깊고 얕은 들숨과 날숨, 길거나 짧은 들숨과 날숨, 온몸을 느끼면서 하는 들숨과 날숨, 몸의 움직임을 가라앉히면서 하는 들숨과 날숨 등도 마찬가지다.

이때 호흡명상수행자는 들숨에서 들숨을, 날숨에서 날숨을 대면하고 관찰하며 알아차려야 한다. 그래야 온전한 알아차림을 방해하게 되는 주체와 객체의 분리가 일어나지 않는다.

호흡을 온전하게 알아차리게 된 명상수행자는 '안으로' 몸에서 몸을 관찰하며 지낼 수 있게 되고, 그 다음으로는 '밖으로' 몸에서 몸을 관찰하며 지낼 수 있게 된다. 이때 안으로와 밖으로는 들숨과 날숨에 따라 몸의 안으로 향하거나 몸의 밖으로 향하는 방향성을 뜻하는 것이 아니다. 이런 과정은 몸에 속하는 다른 대상들이나 느낌, 마음, 법에 속하는 대상들에 대해 염을 확립하는 경우에도 똑같이 적용되기 때문이다.

안으로 관찰하는 과정과 이어진 밖으로 관찰하는 과정이 지나면 '안팎으로' 몸에서 몸을 관찰하며 지낼 수 있게 된다. 느낌, 마음, 법의 경우도 마찬가지다. 따라서 여기서의 안이나 밖은 방향이 아니라 마음의 경향傾向, 즉 쏠림이다. 이런 쏠림조차도 올바른 알아차림을 방해할 수 있기 때문에 안팎으로 동시에 관찰하게 하여 주체와 객체의 분리가 사라진 중도를 지키게 하는 것이다. 이렇게 되어야 몸, 느낌, 마음, 법에서 일어나고 사라지는 모든 현상들을 온전하게 알아차리고 집착 없이 초연하게 지내게 되는 것이 가능해진다.

위빠사나에서 신체적·정신적 경험에 대한 알아차림을 확정하게 해주는 기능적인 요소는 '언어'이다. 이는 『대념처경』이나 『염처경』에서 명확하게 알 수 있다. 예를 들어 호흡에 관한 알아차림을 위해서 "나는 깊거나 길게 숨을 들이 쉰다", "얕거나 짧게 숨을 내 쉰다"고 속으로 말하는 것이다. 호흡 자체에 관한 명상이 끝나면 그 위의 단계인 몸의 차원에서 "이것이 몸이다"는 언어작용으로 알아차림을 확정한다. 느낌, 마음, 법의 경우도 마찬가지다.

위빠사나를 실행하는 방법에 관해서는 『대념처경』이나 『염처경』에 잘 나와 있다. 석가모니불 당시부터 지금까지 남방불교의 스님이나 재가불자들은 이 내용을 그대로 실천하고 있다. 그들은 앞으로도 그럴 것이다. 이제 불교에서 제시하는 해탈이나 열반을 목표로 하는 사람들을 위해 『대념처경』의 내용을 거의 그대로 소개한다. 심리치료나 심신건강을 목표로 현대에 고안된 여러 가지 기법들을 실천하는 사람들도 위빠사나의 원형을 보면 수련에 도움이 될 것이다.

*『대념처경』을 통해 보는 위빠사나 명상의 실제

석가모니불은 다음과 같은 이유로 제자들에게 사념처四念處 수행을 권했다.

* 중생들을 청정하게 함
* 슬픔과 비탄을 극복하게 함
* 괴로움과 고통을 소멸함
* 진리의 길을 얻게 함
* 열반을 직접 체득하게 함

따라서 사념처 수행, 즉 위빠사나를 열심히 수행하는 제자는 불교수행의 최종 목적지인 열반에 도달할 수 있다. 이 사념처는 신념처身念處, 수념처受念處, 심념처心念處, 법념처法念處이다.

수행자를 열반으로 인도하는 사념처는 다음과 같다.

* 신념처
몸(身)에서 몸을 관찰 → 무상에 대한 지속적이고도 철저한 앎과 알아차림 → 마음과 물질의 세계에 대한 욕망과 혐오를 제거

* 수념처
느낌(受)에서 느낌을 관찰 → 무상에 대해 지속적이고도 철저한 앎과 알아차림 → 마음과 물질의 세계에 대한 욕망과 혐오를 제거

* 심념처
마음(心)에서 마음을 관찰 → 무상에 대해 지속적이고도 철저한 앎과 알아차림 → 마음과 물질의 세계에 대한 욕망과 혐오를 제거

* 법념처
법(法)에서 법을 관찰 → 무상에 대해 지속적이고도 철저한 앎과 알아차림 → 마음과 물질의 세계에 대한 욕망과 혐오를 제거

1. 신념처(몸에 대한 알아차림의 확립)

1) 호흡에 관한 알아차림

〈숲·나무 아래·빈방에서 가부좌 → 입 주위의 한 부분에 주의를 모음 → 숨을 알아차림〉

- 알아차리면서 숨을 들이쉬고, 알아차리면서 숨을 내쉼
- 깊거나 길게 숨을 들이쉴 때 "나는 깊거나 길게 숨을 들이쉰다"고 바르게 앎
- 얕거나 짧게 숨을 들이쉴 때는 "나는 얕거나 짧게 숨을 들이쉰다"고 바르게 앎
- 깊거나 길게 숨을 내쉴 때는 "깊거나 길게 숨을 내쉰다"고 바르게 앎
- 얕거나 짧게 숨을 내쉴 때는 "얕거나 짧게 숨을 내쉰다"고 바르게 앎
- 한 호흡 동안에 온 몸을 느끼면서 숨을 들이쉬며 이를 바르게 앎
- 한 호흡 동안에 온 몸을 느끼면서 숨을 내쉬며 이를 바르게 앎
- 몸의 움직임을 가라앉히면서 숨을 들이쉬며 이를 바르게 앎
- 몸의 움직임을 가라앉히면서 숨을 내쉬며 이를 바르게 앎

*호흡에 관한 알아차림 수행을 해 본 느낌

앞에서 한 호흡을 통한 관찰이 익숙해지면 다음과 같은 일이 가능해진다.

- 이와 같이 안으로 몸(身)에서 몸을 관찰하며 지내고, 밖으로 몸에서 몸을 관찰하며 지내며, 안팎으로 몸에서 몸을 관찰하며 지낸다.
- 몸에서 일어나는 현상을 관찰하며 지내고, 몸에서 사라지는 현상을 관찰하며 지내며, 몸에서 동시에 일어났다가 사라지는 현상을 관찰하며 지낸다.
- "이것이 몸이다"라는 알아차림이 확립된다.
- 이렇게 알아차림을 오로지 지혜와 바른 알아차림만이 있는 단계까지 개발한다.
- 이런 방법으로 마음과 물질의 세계에서 그 어떤 것에도 집착함이 없이 초연하게 지낸다.

이것이 '호흡을 통해서 가능한 몸에서 몸을 관찰하며 지내는 수행'이다.

2) 몸의 움직임에 관한 알아차림

〈일상에서 몸의 움직임 → 몸에 주의를 모음 → 움직임을 알아차림〉

- 걷고 있는 동안에 "나는 걷고 있다"고 바르게 앎
- 서 있는 동안에 "서 있다"고 바르게 앎
- 앉아 있는 동안에 "앉아 있다"고 바르게 앎
- 누워 있는 동안에 "누워 있다"고 바르게 앎
- 몸이 어떤 행위를 하든지 바르게 앎

*몸의 움직임에 관한 알아차림 수행을 해 본 느낌

앞에서 한 몸의 움직임을 통한 관찰이 익숙해지면 다음과 같은 일이 가능해진다.

- 안으로 몸(身)에서 몸을 관찰하며 지낸다.
- 밖으로 몸에서 몸을 관찰하며 지낸다.
- 안팎으로 몸에서 몸을 관찰하며 지낸다.
- 그는 몸에서 일어나는 현상을 관찰하며 지낸다.
- 몸에서 사라지는 현상을 관찰하며 지낸다.
- 또한 몸에서 동시에 일어났다가 사라지는 현상을 관찰하며 지낸다.
- "이것이 몸이다"라는 알아차림이 확립된다.
- 이렇게 알아차림을 오로지 지혜와 바른 알아차림만이 있는 단계까지 개발한다.
- 이런 방법으로 마음과 물질의 세계에서 그 어떤 것에도 집착함이 없이 초연하게 지낸다.

이것이 '몸의 움직임을 통해서 가능한 몸에서 몸을 관찰하며 지내는 수행'이다.

3) 무상에 대한 분명한 알아차림

〈일상에서 몸의 움직임 → 몸에 주의를 모음 → 무상을 알아차림〉

- 앞으로 가거나 되돌아오는 동안 끊임없이 무상을 알아차림
- 앞을 보거나 옆을 보는 동안에도 끊임없이 무상을 알아차림
- 몸이나 그 일부분을 구부리거나 펴는 동안에도 끊임없이 무상을 알아차림
- 가사를 입거나 발우를 들고 가는 동안에도 끊임없이 무상을 알아차림
- 먹거나 마시거나 씹거나 삼키는 동안에도 끊임없이 무상을 알아차림
- 소변을 보거나 대변을 볼 때에도 끊임없이 무상을 알아차림
- 걷거나 서 있거나 앉아 있거나 잠자고 일어나는 동안에도 끊임없이 무상을 알아차림
- 말하거나 침묵하는 동안에도 끊임없이 무상을 알아차림

*무상에 대한 분명한 알아차림을 수행해 본 느낌

앞에서 한 무상에 대한 알아차림이 익숙해지면 다음과 같은 일이 가능해진다.

- 안으로 몸에서 몸을 관찰하며 지낸다.
- 밖으로 몸에서 몸을 관찰하며 지낸다.
- 안팎으로 몸에서 몸을 관찰하며 지낸다.
- 몸에서 일어나는 현상을 관찰하며 지낸다.
- 몸에서 사라지는 현상을 관찰하며 지낸다.
- 몸에서 동시에 일어났다가 사라지는 현상을 관찰하며 지낸다.
- "이것이 몸이다"라는 알아차림이 확립된다.
- 이렇게 알아차림을 오로지 지혜와 바른 알아차림만이 있는 단계까지 개발한다.
- 이런 방법으로 마음과 물질의 세계에서 그 어떤 것에도 집착함이 없이 초연하게 지낸다.

이것이 '몸에서 몸을 관찰하며 지내는 수행'이다.

4) 몸의 부정적인 요소에 대한 알아차림

〈몸 → 관찰 → 더러움에 대한 알아차림〉

아래로는 발바닥에서부터 위로는 머리카락에 이르기까지 피부로 싸여져 있고, 모든 종류의 더러움들로 가득 차 있는 바로 이 몸을 다음과 같이 관찰해야만 한다.

- 몸에는 머리카락, 몸의 털, 손톱, 발톱, 이빨, 피부, 살, 힘줄, 뼈, 골수, 콩팥, 심장, 간장, 늑막, 지라, 허파, 내장, 내장의 내용물, 위장, 위장의 내용물, 대변, 담즙, 가래, 고름, 혈액, 땀, 고형지방질, 눈물, 액체지방질, 침, 콧물, 관절 액, 소변 등이 있음을 알아차림

이는 마치 양쪽 입구가 다 터진 자루에 여러 종류의 곡식과 씨앗들, 즉 벼, 보리, 녹두, 콩, 깨, 쌀 등이 가득 들어 있는 것과 같고, 눈 밝은 사람이 이 자루를 열어보고서 "이것은 벼, 이것은 보리, 이것은 녹두, 이것은 콩, 이것은 참깨, 그리고 이것은 쌀이다"라고 내용물을 아는 것과 같다.

*몸의 부정적인 요소에 대한 알아차림을 수행해 본 느낌

앞에서 한 몸의 부정적인 요소에 대한 알아차림이 익숙해지면 다음과 같은 일이 가능해진다.

- 안으로 몸에서 몸을 관찰하며 지낸다.
- 밖으로 몸에서 몸을 관찰하며 지낸다.
- 안팎으로 몸에서 몸을 관찰하며 지낸다.
- 몸에서 일어나는 현상을 관찰하며 지낸다.
- 몸에서 사라지는 현상을 관찰하며 지낸다.
- 몸에서 동시에 일어났다가 사라지는 현상을 관찰하며 지낸다.
- "이것이 몸이다"라는 알아차림이 확립된다.
- 이렇게 알아차림을 오로지 지혜와 바른 알아차림만이 있는 단계까지 개발한다.
- 이런 방법으로 마음과 물질의 세계에서 그 어떤 것에도 집착함이 없이 초연하게 지낸다.

이것이 '몸에서 몸을 관찰하며 지내는 수행'이다.

5) 몸의 기본적 구성요소에 대한 관찰

〈몸 → 관찰 → 기본적 구성요소에 대한 알아차림〉

솜씨 좋은 사람이 소를 잡은 뒤 그것을 여러 토막으로 나누어 진열해 둔 것과 같이 이 몸이 구성되어져 있는 그대로 관찰해야 한다.

- "이 몸에는 흙의 요소가 있고, 물의 요소, 불의 요소, 공기의 요소가 있다"고 알아차림

*몸의 기본적 구성요소에 대한 알아차림을 수행해 본 느낌

앞에서 한 몸의 기본적 구성요소에 대한 알아차림이 익숙해지면 다음과 같은 일이 가능해진다.

- 안으로 몸에서 몸을 관찰하며 지낸다.
- 밖으로 몸에서 몸을 관찰하며 지낸다.
- 안팎으로 몸에서 몸을 관찰하며 지낸다.
- 몸에서 일어나는 현상을 관찰하며 지낸다.
- 몸에서 사라지는 현상을 관찰하며 지낸다.
- 몸에서 동시에 일어났다가 사라지는 현상을 관찰하며 지낸다.
- "이것이 몸이다"라는 알아차림이 확립된다.
- 이렇게 알아차림을 오로지 지혜와 바른 알아차림만이 있는 단계까지 개발한다.
- 이런 방법으로 마음과 물질의 세계에서 그 어떤 것에도 집착함이 없이 초연하게 지낸다.

이것이 '몸에서 몸을 관찰하며 지내는 수행'이다.

6) 묘지에서의 아홉 가지 알아차림에 대한 장

〈묘지 → 관찰 → 시신과 내 몸이 같음에 대한 알아차림〉

아홉 가지 경우, 즉

- 묘지에 버려져 죽은 지 하루, 혹은 이삼 일이 지나 부풀어 오르고 검푸르며 부패되는 시체를 볼 때마다
- 묘지에 버려진 시체가 까마귀에게 먹히고, 독수리에게 먹히고, 매, 왜가리, 개, 호랑이, 표범, 재칼 등 여러 종류의 동물들에게 먹히는 것을 볼 때마다
- 묘지에 버려진 시체가 피 묻은 살점과 힘줄로 서로 붙어 있는 해골(뼈)로 변해버린 것을 볼 때마다
- 묘지에 버려져 살점 하나 없이 피만 묻은 시체가 힘줄에 의해 서로 붙어 있는 해골로 변해버린 것을 볼 때마다
- 묘지에 버려진 시체가 한 점의 살도 피도 없이 힘줄에 의해 서로 붙어 있는 해골로 변해버린 것을 볼 때마다

- 묘지에 버려진 시체의 뼈들이 서로 분리되고 사방으로 흩어져, 여기저기에서 손뼈, 다리뼈, 발목뼈, 무릎뼈, 정강이뼈, 넓적다리뼈, 척추뼈, 등뼈, 어깨뼈, 목뼈, 턱뼈, 이빨, 머리뼈들을 볼 때마다
- 묘지에 버려진 시체가 조개처럼 하얗게 뼈로 변해버린 것을 볼 때마다
- 묘지에 버려진 시체가 일 년이 넘어 뼈 무더기가 되어 쌓여 있는 것들을 볼 때마다
- 묘지에 버려진 시체가 뼈 가루로 삭아버린 것을 볼 때마다

자신의 몸에 대해서도 다음과 같이 생각해야 한다.

- "실로 이 몸도 (저 시신과) 똑같은 성질의 것이다. 이 몸도 그와 같이 될 것이며, 그렇게 되는 것을 피할 수 없다!"

(※앞부분의 현대적 버전)

부모형제나 친인척, 친구, 지인의 장례식에 참석했을 때

- 화장장의 굴뚝에서 연기를 볼 때마다
- 화장장에서 시신이 한 줌 재가 되어 나올 때마다
* 사찰이나 공원묘원의 납골당에 안치될 때마다

자신의 몸에 대해서도 다음과 같이 생각해야 한다.

- "실로 이 몸도 (저 시신과) 똑같은 성질의 것이다. 이 몸도 그와 같이 될 것이며, 그렇게 되는 것을 피할 수 없다!"

*묘지나 화장장에서의 알아차림에 대해 수행해 본 느낌

앞에서 한 몸의 기본적 구성요소에 대한 알아차림이 익숙해지면 다음과 같은 일이 가능해진다.

- 안으로 몸에서 몸을 관찰하며 지낸다.
- 밖으로 몸에서 몸을 관찰하며 지낸다.
- 안팎으로 몸에서 몸을 관찰하며 지낸다.
- 몸에서 일어나는 현상을 관찰하며 지낸다.
- 몸에서 사라지는 현상을 관찰하며 지낸다.
- 몸에서 동시에 일어났다가 사라지는 현상을 관찰하며 지낸다.
- "이것이 몸이다"라는 알아차림이 확립된다.
- 이렇게 알아차림을 오로지 지혜와 바른 알아차림만이 있는 단계까지 개발한다.
- 이런 방법으로 마음과 물질의 세계에서 그 어떤 것에도 집착함이 없이 초연하게 지낸다.

이것이 '몸에서 몸을 관찰하며 지내는 수행'이다.

2. 수념처(느낌에 대한 알아차림의 확립)

〈느낌 → 경험 → 알아차림〉

- 즐거운 감각을 경험하는 동안에는 "나는 즐거운 감각을 경험한다"고 알아차림
- 괴로운 감각을 경험하는 동안에는 "나는 괴로운 감각을 경험한다"고 알아차림
- 즐겁지도 괴롭지도 않은 감각을 경험하는 동안에는 "나는 즐겁지도 괴롭지도 않은 감각을 경험한다"고 알아차림
- 집착이 있는 즐거운 감각을 경험하는 동안에는 "집착이 있는 즐거운 감각을 경험한다"고 알아차림
- 집착이 없는 즐거운 감각을 경험하는 동안에는 "집착이 없는 즐거운 감각을 경험한다"고 알아차림
- 집착이 있는 괴로운 감각을 경험하는 동안에는 "집착이 있는 괴로운 감각을 경험한다"고 알아차림
- 집착이 없는 괴로운 감각을 경험하는 동안에는 "집착 없는 괴로운 감각을 경험한다"고 알아차림

- 집착이 있는 괴롭지도 즐겁지도 않은 감각을 경험하는 동안에는 "집착이 있는 괴롭지도 즐겁지도 않은 감각을 경험한다"고 알아차림
- 집착이 없는 괴롭지도 즐겁지도 않은 감각을 경험하는 동안에는 "집착이 없는 괴롭지도 즐겁지도 않은 감각을 경험한다"고 알아차림

* 느낌의 알아차림에 대해 수행해 본 느낌

앞에서 한 느낌에 대한 알아차림이 익숙해지면 다음과 같은 일이 가능해진다.

- 안으로 느낌에서 느낌을 관찰하며 지낸다.
- 밖으로 느낌에서 느낌을 관찰하며 지낸다.
- 안팎으로 느낌에서 느낌을 관찰하며 지낸다.
- 느낌에서 일어나는 현상을 관찰하며 지내고
- 느낌에서 사라지는 현상을 관찰하며 지내며
- 느낌에서 동시에 일어났다가 사라지는 현상을 관찰하며 지낸다.
- "이것이 느낌이다"라는 알아차림이 확립된다.
- 이렇게 알아차림을 오로지 지혜와 바른 알아차림만이 있는 단계까지 개발한다.
- 이런 방법으로 마음과 물질의 세계에서 그 어떤 것에도 집착함이 없이 초연하게 지낸다.

이것이 바로 감각에서 감각을 관찰하며 지내는 방법이다.

3. 심념처(마음에 대한 알아차림의 확립)

〈마음 → 관찰 → 알아차림〉

- 탐욕이 있는 마음을 탐욕이 있는 마음이라고 바르게 앎
- 탐욕으로부터 자유로운 마음을 탐욕으로부터 자유로운 마음이라고 바르게 앎
- 악의가 있는 마음을 악의가 있는 마음이라고 바르게 앎
- 악의로부터 자유로운 마음을 악의로부터 자유로운 마음이라고 바르게 앎
- 무지가 있는 마음을 무지가 있는 마음이라고 바르게 앎
- 무지로부터 자유로운 마음을 무지로부터 자유로운 마음이라고 바르게 앎
- 침체된 마음을 침체된 마음이라고 바르게 앎
- 산란한 마음을 산란한 마음이라고 바르게 앎
- 확장된 마음을 확장된 마음이라고 바르게 앎
- 확장되지 않은 마음을 확장되지 않는 마음이라고 바르게 앎

- 더 초월할 수 있는 마음을 더 초월할 수 있는 마음이라고 바르게 앎
- 더 이상 초월할 수 없는 최상의 마음을 더 이상 초월할 수 없는 최상의 마음이라고 바르게 앎
- 집중된 마음을 집중된 마음이라고 바르게 앎
- 집중되지 않은 마음을 집중되지 않은 마음이라고 바르게 앎
- 자유롭게 된(해탈된) 마음을 자유롭게 된 마음이라고 바르게 앎
- 자유롭게 되지 않은 마음을 자유롭게 되지 않은 마음이라고 바르게 앎

*마음의 알아차림에 대해 수행해 본 느낌

앞에서 한 느낌에 대한 알아차림이 익숙해지면 다음과 같은 일이 가능해진다.

- 안으로 마음에서 마음을 관찰하며 지낸다.
- 밖으로 마음에서 마음을 관찰하며 지낸다.
- 또 안팎으로 마음에서 마음을 관찰하며 지낸다.
- 마음에서 일어나는 현상을 관찰하며 지낸다.
- 마음에서 사라지는 현상을 관찰하며 지낸다.
- 마음에서 동시에 일어났다가 사라지는 현상을 관찰하며 지낸다.
- "이것이 마음(心)이다"라는 알아차림이 확립된다.
- 이렇게 알아차림을 오로지 지혜와 바른 알아차림만이 있는 단계까지 개발한다.
- 이런 방법으로 마음과 물질의 세계에서 그 어떤 것에도 집착함이 없이 초연하게 지낸다.

이것이 바로 마음에서 마음을 관찰하며 지내는 방법이다.

4. 법념처(법에 대한 알아차림의 확립)

1) 오개五蓋에 대한 알아차림

〈다섯 가지 마음의 장애 → 관찰 → 알아차림〉

- 감각적인 욕망이 있을 때마다 "내 안에 감각적인 욕망이 있다"고 바르게 앎
- 감각적인 욕망이 없을 때는 "내 안에 감각적인 욕망이 없다"고 바르게 앎
- 일어나지 않은 감각적인 욕망이 어떻게 일어나게 되는지 바르게 앎
- 일어난 감각적인 욕망이 어떻게 소멸되는지 바르게 앎
- 소멸된 감각적인 욕망이 어떻게 더 이상 일어나지 않을지 바르게 앎
- 혐오가 있을 때마다 "내 안에 혐오가 있다"고 바르게 앎
- 혐오가 없을 때에는 "내 안에 혐오가 없다"고 바르게 앎
- 일어나지 않은 혐오가 어떻게 일어나는지 바르게 앎
- 일어난 혐오가 어떻게 소멸되어 가는지 바르게 앎
- 소멸된 혐오가 어떻게 더 이상 일어나지 않을지 바르게 앎

- 혼침과 졸음이 있을 때마다 "내 안에 혼침과 졸음이 있다"고 바르게 앎
- 혼침과 졸음이 없을 때에는 "내 안에 혼침과 졸음이 없다"고 바르게 앎
- 일어나지 않은 혼침과 졸음이 어떻게 일어나는지 바르게 앎
- 일어난 혼침과 졸음이 어떻게 소멸되어 가는지 바르게 앎
- 소멸된 혼침과 졸음이 어떻게 더 이상 일어나지 않을지 바르게 앎

- 동요와 후회가 있을 때마다 "내 안에 동요와 후회가 있다"고 바르게 앎
- 동요와 후회가 없을 때에는 "내 안에 동요와 후회가 없다"고 바르게 앎
- 일어나지 않은 동요와 후회가 어떻게 일어나는지 바르게 앎
- 일어난 동요와 후회가 어떻게 소멸되어 가는지 바르게 앎
- 소멸된 동요와 후회가 앞으로 어떻게 더 이상 일어나지 않을지 바르게 앎

- 의심이 있을 때마다 "내 안에 의심이 있다"고 바르게 앎
- 의심이 없을 때에는 "내 안에 의심이 없다"고 바르게 앎
- 일어나지 않은 의심이 어떻게 일어나는지 바르게 앎
- 일어난 의심이 어떻게 소멸되어 가는지 바르게 앎
- 소멸된 의심이 앞으로 어떻게 더 이상 일어나지 않을지 바르게 앎

*다섯 가지 마음의 장애에 대한 알아차림을 수행해 본 느낌

앞에서 한 다섯 가지 마음의 장애에 대한 알아차림이 익숙해지면 다음과 같은 일이 가능해진다.

- 안으로 법에서 법을 관찰하며 지낸다.
- 밖으로 법에서 법을 관찰하며 지낸다.
- 안팎으로 법에서 법을 관찰하며 지낸다.
- 법에서 일어나는 현상을 관찰하며 지낸다.
- 법에서 사라지는 현상을 관찰하며 지낸다.
- 법에서 동시에 일어났다가 사라지는 현상을 관찰하며 지낸다.
- "이것이 법(法)이다"라는 알아차림이 확립된다.
- 이렇게 알아차림을 오로지 지혜와 바른 알아차림만이 있는 단계까지 개발한다.
- 이런 방법으로 마음과 물질의 세계에서 그 어떤 것에도 집착함이 없이 초연하게 지낸다.

이것이 바로 오개라는 법에서 법을 관찰하며 지내는 방법이다.

> **오개는 마음에서 일어나는 5가지 장애물로 깨달음으로 나아가는 것을 방해함**
> - 탐욕개貪慾蓋 – 욕심이나 감각적인 욕망으로 인한 장애
> - 진에개瞋恚蓋 – 화나 싫어하고 미워함이라는 장애
> - 혼침수면개昏沈睡眠蓋 – 마음이 흐려지거나 잠을 이기지 못하는 장애
> - 도회개掉悔蓋 – 마음이 흔들리거나 후회하는 장애
> - 의개疑蓋 – 의심, 특히 부처님의 가르침에 대한 의심이라는 장애

2) 오온五蘊에 대한 알아차림

〈다섯 가지 무더기 → 관찰 → 알아차림〉

- 물질, 물질의 일어남, 물질의 사라짐에 대해 바르게 앎
- 감수, 감수의 일어남, 감수의 사라짐에 대해 바르게 앎
- 표상, 표상의 일어남, 표상의 사라짐에 대해 바르게 앎
- 형성, 형성의 일어남, 형성의 사라짐에 대해 바르게 앎
- 의식, 의식의 일어남, 의식의 사라짐에 대해 바르게 앎

*다섯 가지 무더기에 대한 알아차림을 수행해 본 느낌

앞에서 한 다섯 가지 무더기에 대한 알아차림이 익숙해지면 다음과 같은 일이 가능해진다.

- 안으로 법에서 법을 관찰하며 지낸다.
- 밖으로 법에서 법을 관찰하며 지낸다.
- 안팎으로 법에서 법을 관찰하며 지낸다.
- 법에서 일어나는 현상을 관찰하며 지낸다.
- 법에서 사라지는 현상을 관찰하며 지낸다.
- 법에서 동시에 일어났다가 사라지는 현상을 관찰하며 지낸다.
- "이것이 법(法)이다"라는 알아차림이 확립된다.
- 이렇게 알아차림을 오로지 지혜와 바른 알아차림만이 있는 단계까지 개발한다.
- 이런 방법으로 마음과 물질의 세계에서 그 어떤 것에도 집착함이 없이 초연하게 지낸다.

이것이 바로 오온이라는 법에서 법을 관찰하며 지내는 방법이다.

> 오온은 우리가 자아라고 여기는 것을 다섯 가지로 나눈 것임
> - 색色 – 물질로 몸을 의미함
> - 수受 – 감수感受로 외부의 자극을 신경계를 통해 받아들이는 작용임
> - 상想 – 표상表象으로 감수된 대상을 정신·심리영역에서 재생하는 것임
> - 행行 – 형성形成으로 재생된 대상이 정신·심리영역에서 작용하는 것임
> - 식識 – 의식意識으로 형성된 대상을 분별·판단 등으로 헤아리는 것임

3) 육처六處에 대한 알아차림

〈안과 밖 각각의 여섯 가지 장소 → 관찰 → 알아차림〉

- 눈, 보이는 대상, 이 두 가지를 의존해서 일어나는 속박을 바르게 앎
- 일어나지 않은 속박이 어떻게 일어나는지 바르게 앎
- 일어난 속박이 어떻게 소멸되어 가는지 바르게 앎
- 소멸된 속박이 앞으로 어떻게 더 이상 일어나지 않을지 바르게 앎
- 귀, 소리, 이 두 가지를 의존해서 일어나는 속박을 바르게 앎
- 일어나지 않은 속박이 어떻게 일어나는지 바르게 앎
- 일어난 속박이 어떻게 소멸되어 가는지 바르게 앎
- 소멸된 속박이 앞으로 어떻게 더 이상 일어나지 않을지 바르게 앎
- 코, 냄새, 이 두 가지를 의존해서 일어나는 속박을 바르게 앎
- 일어나지 않은 속박이 어떻게 일어나는지 바르게 앎

- 일어난 속박이 어떻게 소멸되어 가는지 바르게 앎
- 소멸된 속박이 앞으로 어떻게 더 이상 일어나지 않을지 바르게 앎
- 혀, 맛, 이 두 가지를 의존해서 일어나는 속박을 바르게 앎
- 일어나지 않은 속박이 어떻게 일어나는지 바르게 앎
- 일어난 속박이 어떻게 소멸되어 가는지 바르게 앎
- 소멸된 속박이 앞으로 어떻게 더 이상 일어나지 않을지 바르게 앎
- 몸, 접촉, 이 두 가지를 의존해서 일어나는 속박을 바르게 앎

- 일어나지 않은 속박이 어떻게 일어나는지 바르게 앎
- 일어난 속박이 어떻게 소멸되어 가는지 바르게 앎
- 소멸된 속박이 앞으로 어떻게 더 이상 일어나지 않을지 바르게 앎

- 생각, 생각의 대상, 이 두 가지를 의존해서 일어나는 속박을 바르게 앎
- 일어나지 않은 속박이 어떻게 일어나는지 바르게 앎
- 일어난 속박이 어떻게 소멸되어 가는지 바르게 앎
- 소멸된 속박이 앞으로 어떻게 더 이상 일어나지 않을지 바르게 앎

*안과 밖 각각의 여섯 가지 장소에 대한 알아차림을 수행해 본 느낌

앞에서 안과 밖 각각의 여섯 가지 장소에 대한 알아차림이 익숙해지면 다음과 같은 일이 가능해 진다.

- 안으로 법에서 법을 관찰하며 지낸다.
- 밖으로 법에서 법을 관찰하며 지낸다.
- 안팎으로 법에서 법을 관찰하며 지낸다.
- 법에서 일어나는 현상을 관찰하며 지낸다.
- 법에서 사라지는 현상을 관찰하며 지낸다.
- 법에서 동시에 일어났다가 사라지는 현상을 관찰하며 지낸다.
- "이것이 법(法)이다"라는 알아차림이 확립된다.
- 이렇게 알아차림을 오로지 지혜와 바른 알아차림만이 있는 단계까지 개발한다.
- 이런 방법으로 마음과 물질의 세계에서 그 어떤 것에도 집착함이 없이 초연하게 지낸다.

이것이 바로 육처라는 법에서 법을 관찰하며 지내는 방법이다.

육처는 인식의 주체主體와 객체客體를 각각 6곳으로 나눈 것임		
주체 6곳(육내입처, 六內入處)		객체 6곳(육외입처, 六外入處)
안(眼, 눈)	대응	색(色, 물질)
이(耳, 귀)	대응	성(聲, 소리)
비(鼻, 코)	대응	향(香, 냄새)
설(舌, 혀)	대응	미(味, 맛)
신(身, 몸)	대응	촉(觸, 접촉)
의(意, 생각)	대응	법(法, 생각의 대상)

4. 칠각지七覺支에 대한 알아차림

〈일곱 가지 깨달음의 요소 → 관찰 → 알아차림〉

- 알아차림이라는 깨달음의 요소가 있을 때 "내 안에 알아차림이라는 깨달음의 요소가 있다"고 바르게 앎
- 알아차림이라는 깨달음의 요소가 없을 때 "내 안에 알아차림이라는 깨달음의 요소가 없다"고 바르게 앎
- 일어나지 않은 알아차림이라는 깨달음의 요소가 어떻게 일어나게 되는지 바르게 앎
- 일어난 알아차림이라는 깨달음의 요소가 어떻게 발전되고 완전해지는지 바르게 앎
- 법에 대한 고찰이라는 깨달음의 요소가 있을 때 "내 안에 법에 대한 고찰이라는 깨달음의 요소가 있다"고 바르게 앎
- 법에 대한 고찰이라는 깨달음의 요소가 없을 때 "내 안에 법에 대한 고찰이라는 깨달음의 요소가 없다"고 바르게 앎
- 일어나지 않은 법에 대한 고찰이라는 깨달음의 요소가 어떻게 일어나게 되는지 바르게 앎
- 일어난 법에 대한 고찰이라는 깨달음의 요소가 어떻게 발전되고 완전해지는지 바르게 앎

- 노력이라는 깨달음의 요소가 있을 때 "내 안에 노력이라는 깨달음의 요소가 있다"고 바르게 앎
- 노력이라는 깨달음의 요소가 없을 때 "내 안에 노력이라는 깨달음의 요소가 없다"고 바르게 앎
- 일어나지 않은 노력이라는 깨달음의 요소가 어떻게 일어나게 되는지 바르게 앎
- 일어난 노력이라는 깨달음의 요소가 어떻게 발전되고 완전해지는지 바르게 앎
- 희열이라는 깨달음의 요소가 있을 때 "내 안에 희열이라는 깨달음의 요소가 있다"고 바르게 앎
- 희열이라는 깨달음의 요소가 없을 때 "내 안에 희열이라는 깨달음의 요소가 없다"고 바르게 앎
- 일어나지 않은 희열이라는 깨달음의 요소가 어떻게 일어나게 되는지 바르게 앎
- 일어난 희열이라는 깨달음의 요소가 어떻게 발전되고 완전해지는지 바르게 앎

- 고요함이라는 깨달음의 요소가 있을 때 "내 안에 고요함이라는 깨달음의 요소가 있다"고 바르게 앎
- 고요함이라는 깨달음의 요소가 없을 때 "내 안에 고요함이라는 깨달음의 요소가 없다"고 바르게 앎
- 일어나지 않은 고요함이라는 깨달음의 요소가 어떻게 일어나게 되는지 바르게 앎
- 일어난 고요함이라는 깨달음의 요소가 어떻게 발전되고 완전해지는지 바르게 앎
- 집중이라는 깨달음의 요소가 있을 때 "내 안에 집중이라는 깨달음의 요소가 있다"고 바르게 앎
- 집중이라는 깨달음의 요소가 없을 때 "내 안에 집중이라는 깨달음의 요소가 없다"

고 바르게 앎
- 집중이라는 깨달음의 요소가 어떻게 일어나게 되는지 바르게 앎
- 집중이라는 깨달음의 요소가 어떻게 발전되고 완전해지는지 바르게 앎

- 평정심이라는 깨달음의 요소가 있을 때 "내 안에 평정심이라는 깨달음의 요소가 있다"고 바르게 앎
- 평정심이라는 깨달음의 요소가 없을 때 "내 안에 평정심이라는 깨달음의 요소가 없다"고 바르게 앎
- 평정심이라는 깨달음의 요소가 어떻게 일어나게 되는지 바르게 앎
- 평정심이라는 깨달음의 요소가 어떻게 발전되고 완전해지는지 바르게 앎

*일곱 가지 깨달음의 요소에 대한 알아차림을 수행해 본 느낌

앞에서 일곱 가지 깨달음의 요소에 대한 알아차림이 익숙해지면 다음과 같은 일이 가능해진다.

- 안으로 법에서 법을 관찰하며 지낸다.
- 밖으로 법에서 법을 관찰하며 지낸다.
- 안팎으로 법에서 법을 관찰하며 지낸다.
- 법에서 일어나는 현상을 관찰하며 지낸다.
- 법에서 사라지는 현상을 관찰하며 지낸다.
- 법에서 동시에 일어났다가 사라지는 현상을 관찰하며 지낸다.
- "이것이 법(法)이다"라는 알아차림이 확립된다.
- 이렇게 알아차림을 오로지 지혜와 바른 알아차림만이 있는 단계까지 개발한다.
- 이런 방법으로 마음과 물질의 세계에서 그 어떤 것에도 집착함이 없이 초연하게 지낸다.

이것이 바로 칠각지라는 법에서 법을 관찰하며 지내는 방법이다.

> **칠각지는 깨달음으로 향하게 하거나 명상으로 인한 마음의 상태 등 7가지 요소임**
> - 념각지念覺支 – 대상에 대한 무심한 바라봄으로 인한 알아차림
> - 택법각지擇法覺支 – 사성제와 같은 진리에 대해 잘 살펴봄
> - 정진각지精進覺支 – 깨달음을 향한 노력
> - 희각지喜覺支 – 명상 중에 나타나는 기쁨
> - 경안각지輕安覺支 – 경쾌하고 편안한 마음의 고요함
> - 정각지定覺支 – 깨달음을 위한 집중
> - 사각지捨覺支 – 놓아버림으로써 흔들림이나 치우침이 없는 마음의 상태

5) 사성제四聖諦에 대한 알아차림

- "태어남, 늙음, 병듦, 죽음, 슬픔, 비탄, 고통, 고뇌, 좋아하지 않는 것과의 만남, 좋아하는 것과의 헤어짐, 원하는 것을 얻지 못함, 오온에 대한 집착은 괴로움이다"고 바르게 앎
- "욕망, 감각적 쾌락에 대한 욕망, 계속해서 태어나고자 하는 욕망, 태어나지 않음에 대한 욕망, 이것이 괴로움의 원인이다"고 바르게 앎
- "욕망의 완전한 소멸·버림·포기·해탈·초연함, 이것이 괴로움의 소멸이다"고 바르게 앎
- "여덟 가지 바른 길, 즉 바른 이해·바른 생각·바른 말·바른 행동·바른 생명력·바른 노력·바른 알아차림·바른 선정, 이것은 괴로움의 소멸로 이끄는 길이다"고 바르게 앎

*사성제에 대한 알아차림을 수행해 본 느낌

앞에서 사성제에 대한 알아차림이 익숙해지면 다음과 같은 일이 가능해진다.

- 안으로 법에서 법을 관찰하며 지낸다.
- 밖으로 법에서 법을 관찰하며 지낸다.
- 안팎으로 법에서 법을 관찰하며 지낸다.
- 법에서 일어나는 현상을 관찰하며 지낸다.
- 법에서 사라지는 현상을 관찰하며 지낸다.
- 법에서 동시에 일어났다가 사라지는 현상을 관찰하며 지낸다.
- "이것이 법(法)이다"라는 알아차림이 확립된다.
- 이렇게 알아차림을 오로지 지혜와 바른 알아차림만이 있는 단계까지 개발한다.
- 이런 방법으로 마음과 물질의 세계에서 그 어떤 것에도 집착함이 없이 초연하게 지낸다.

이것이 바로 사성제라는 법에서 법을 관찰하며 지내는 방법이다.

> **사성제는 4가지 성스러운 진리임**
> - 고성제苦聖帝 – 모든 것은 괴로움이라는 성스러운 진리
> - 집성제集聖帝 – 괴로움의 원인은 집착이라는 성스러운 진리
> - 멸성제滅聖帝 – 괴로움의 소멸이라는 성스러운 진리
> - 도성제道聖帝 – 괴로움의 소멸로 이끄는 방법이라는 성스러운 진리

5. 사념처 수행의 결실

누구라도 사념처를

- 7년 동안 정확한 방법으로 수행한다면,
- 6년 동안 정확한 방법으로 수행한다면,
- 7개월 동안 정확한 방법으로 수행한다면,
- 7일 동안 정확한 방법으로 수행한다면,

다음의 두 가지 결실 중 한 가지를 기대할 수 있다.

- 이 생에서 최상의 지혜를 얻어 아라한이 됨
- 오온이 얼마간 작용한다면 아나함이 됨

따라서 지금도 수행자가 사념처 수행을 제대로 하면 최소 7일에서 최대 7년 사이에 남방불교(초기불교, 부파불교)의 최종목표인 열반이라는 목표를 달성할 가능성이 크다. 만약 수행자가 자질이 매우 높다면 7일 만에, 자질이 매우 낮아도 7년 동안 수행하면 열반에 도달할 수 있으니 사념처는 역시 최고의 수행방법인 것이다.

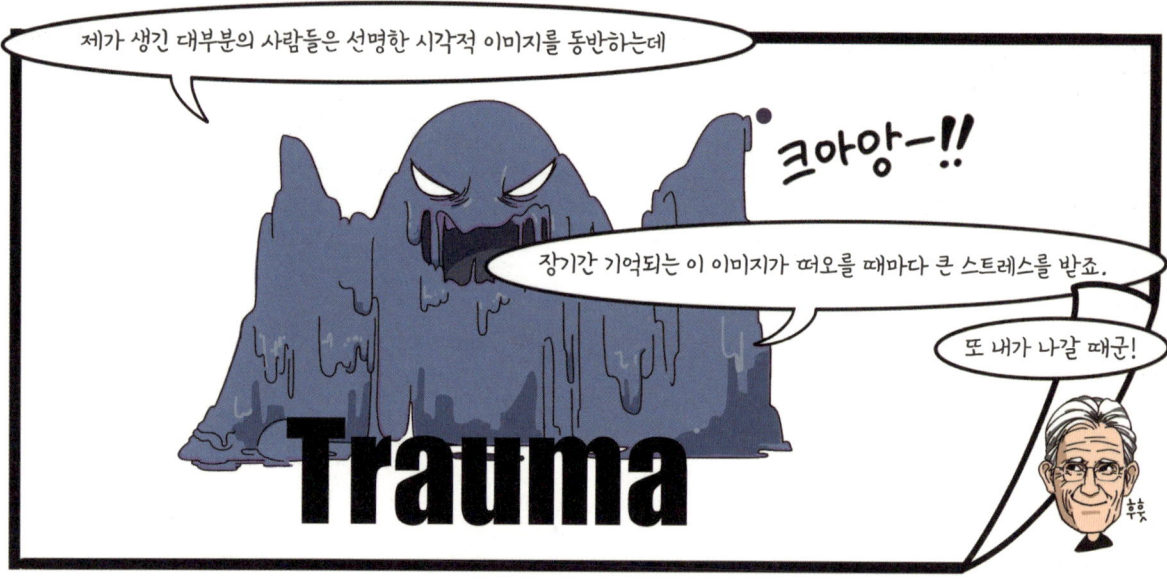

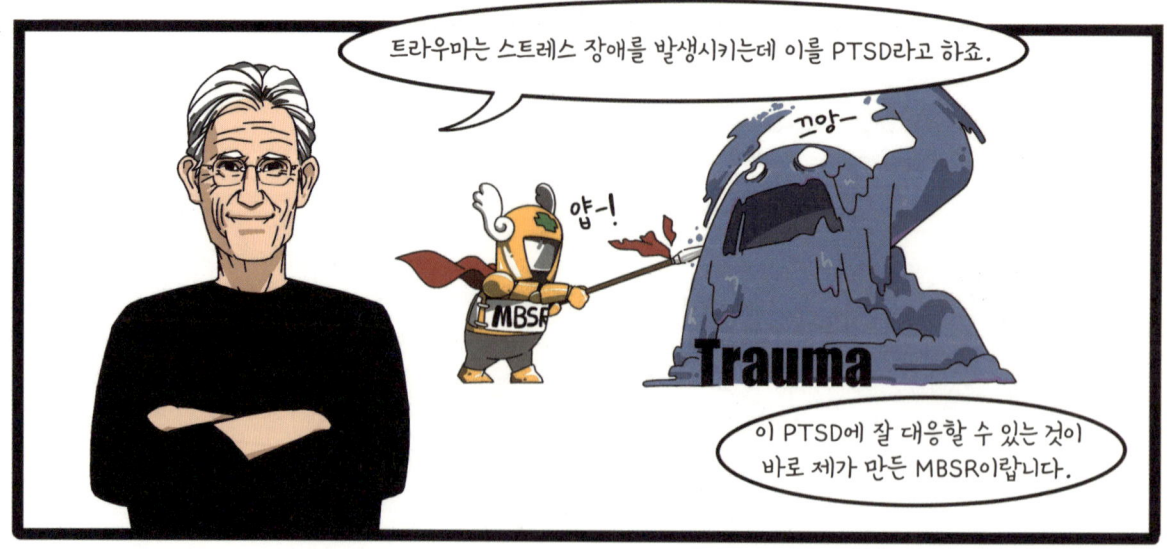

3) 위빠사나 명상의 응용

20세기 후반에 명상에 관심이 많은 미국인들은 불교에 주목하기 시작했다. 그들 가운데 초기불교에 관심이 있는 사람들은 동남아의 불교국가들을 직접 방문해서 불교 명상을 배웠다. 태국이나 스리랑카, 미얀마 등에서 스승들의 지도로 위빠사나를 배운 이들은 미국에 돌아가 명상센터를 열거나 명상그룹을 만들어 사람들을 지도했다. 이런 흐름 속에서 위빠사나를 의료분야에 접목하려고 시도한 사람이 나타났는데 그가 바로 존 카밧진이다.

과학자이자 의료인인 존 카밧진은 불교의 여러 가지 명상을 공부했는데, 특히 위빠사나의 유용성에 주목했다. 그는 위빠사나의 핵심 기법인 사띠(sati, mindfulness)의 대면, 관찰, 알아차리기가 트라우마로 인해 고통을 받는 사람들을 도울 수 있다고 봤다. 신체나 감정이 받는 격렬한 충격인 트라우마는 이를 경험하는 사람의 정신에 지속적인 스트레스를 발생시키는데, 이를 PTSD(Post Trauma Stress Disorder, 외상 후 스트레스 장애)라고 한다.

PTSD에 시달리는 사람의 경우 트라우마를 만든 사건이나 사고를 떠올리기만 해도 심한 스트레스를 받는다. 이 스트레스는 다시 폭식이나 거식 등의 나쁜 습관이나 당뇨나 고혈압 등 여러 가지 병을 불러올 수 있다. 따라서 PTSD가 있는 사람은 가능하면 트라우마를 만든 사건이나 사고를 떠올리지 않으려고 한다. 이런 회피도 일종의 치료가 될 수 있지만 의식의 바닥이나 무의식에 가둬진 트라우마로 인한 불안까지 막을 수는 없다.

따라서 PTSD환자를 위한 가장 좋은 치료법은 트라우마를 만든 사건이나 사고를 떠올려도 스트레스를 받지 않게 하는 것인데, 존 카밧진은 사띠의 대면, 관찰, 알아차리기를 통한 훈련이 이를 가능하게 할 것이라고 봤다. 그는 『대념처경』에 나와 있는 여러 가지 수행법들 가운데 현대인들에게 알맞은 것들을 골라낸 뒤에 다시 그 강도를 조절하여 스트레스감소 프로그램인 MBSR(Mindfulness Based Stress Reduction)을 만들었다.

일상생활 속에서 갑작스럽게 나타나는 트라우마는 PTSD환자들에게 크고 작은 스트레스와 그로 인한 여러 가지 문제를 만들어낸다. 이에 MBSR은 환자들로 하여금 의식적으로 트라우마를 대면하도록 유도한다. 이렇게 함으로써 트라우마가 주는 스트레스의 강도는 점점 낮아지고 스트레스로 인한 문제들도 나타나지 않게 되는 것이다. 이는 일종의 역발상 치료법으로 환자들은 스트레스감소는 물론이고 트라우마를 회피하는 데서 발생하는 불안까지도 없앨 수 있다.

하지만 트라우마에 대한 두려움을 가지고 있는 사람들이 그것을 대면하는 일은 결코 쉬운 일이 아니다. 아무리 MBSR의 의도나 효과가 좋다고 해도 환자들에게 이를 강제하는 것은 오히려 부작용 등 역효과를 불러올 수 있다. 이에 존 카밧진은 환자들과 트라우마와의 대면을 촉진하기 위한 여러 가지 보조 프로그램들을 고안해 냈다. 건포도명상, 바디스캔, 정좌명상, 걷기명상 등은 환자들이 MBSR의 원리를 이해하는 데 큰 도움을 주고 있다.

건포도명상의 경우 건포도를 먹는 과정에서 일어나는 모든 과정을 하나하나 대면하고 관찰하고 알아차리는 것이다. 음식인 건포도는 씹고, 삼키며, 소화시키는 등의 활동을 하도록 하기 때문에 공기로 하는 호흡명상과는 또 다른 느낌을 만들어 낸다. 명상자의 기호에 따라 커피, 빵, 땅콩, 비스킷, 아몬드 등으로 대상을 바꿔도 된다. 여기에 익숙해지면 물을 마시는 것이나 밥을 먹는 것 등으로 확대하는 것도 가능하다.

위빠사나 명상을 하게 되면 분석력, 기억력, 집중력이 길러지고 탐욕이나 성냄, 어리석음의 강도가 약해지거나 사라지는 이점이 있다. 하지만 무엇보다도 가장 큰 이점은 시간의 낭비를 줄이거나 없애는 것이다. 우리에게는 길게 봐서 100년 안팎의 시간이 주어져 있는데, 사실 많은 시간이 번뇌나 망상 등으로 낭비되고 있다. 이제 이 인생 최악의 낭비를 줄여주는 일상생활 속의 위빠사나 명상에 도전해 보자.

* **응용된 위빠사나 명상에 도전하기**

* **바디스캔 명상**

바디스캔(body scan)은 MBSR(Mindfulness based stress reduction: 마음챙김 기반 스트레스 감소) 프로그램의 하나이다.

- 편한 복장으로 침대나 방바닥에 등을 대고 편안하게 눕는다.
- 손은 옆구리에서 15cm 정도 떨어진 곳에 놓고 발은 어깨 넓이만큼 벌린다.
- 눈을 감고 힘을 빼서 체중을 완전히 중력에 맡긴다.

- 세 번 천천히 온 몸이 이완되게 호흡을 한다.
- 의식을 왼쪽 발가락에 집중하고 어떤 감각이 있는지 알아차려 본다.
- 의식이 천천히 발등을 지나 다리로 옮겨가는 동안 신체 여러 부위의 감각을 느껴 본다.

- 의식이 왼쪽 다리에서부터 골반에 도달하면 오른쪽 발가락으로 옮긴다.
- 의식을 차츰 발 전체와 종아리, 허벅지를 거쳐 골반까지 되돌아오게 한다.
- 의식이 골반 → 허리 → 배 → 등 → 가슴 → 어깨로 이동한다.
- 의식을 왼쪽 손가락으로 이동한다.
- 의식이 왼쪽 손가락 → 손 → 팔 → 팔꿈치 → 오른쪽 손가락 → 손 → 팔 → 팔꿈치 → 어깨로 이동한다.
- 의식이 목 → 얼굴 → 후두부 → 정수리로 이동한다.
- 정수리에 숨구멍이 있다고 상상하고 정수리를 통해 호흡한다고 생각한다.
- 정수리를 통해 들어온 공기는 몸 전체를 지나 발가락 끝으로 나가고, 발가락 끝에서 들어온 공기는 몸 전체를 거쳐 정수리의 숨구멍으로 나간다고 상상한다.
- 몸 전체를 통해 호흡하고 있다고 생각한다.

- 몸 전체에 친절하고 연민 어린 따뜻한 의식을 보내고 연민의 샤워로 몸 전체를 적신다.
- 정수리에서 발끝까지 감사, 연민, 존중으로 샤워를 한다.
- 몸 전체가 없어지는 것 같은 느낌이 들거나 아무 느낌이 없을 수도 있다.
- 침묵과 고요 속에 그대로 둔다.

*바디스캔 명상을 수행해 본 느낌은?

*건포도 명상

- 건포도 한 알을 집어 손바닥 위에 놓는다.
- 온 신경을 건포도에 집중하면서 바라본다.
- 건포도의 구석구석을 자세히 살펴본다.
- 가장 반짝이는 부분과 빛을 반사하는 부분, 움푹 들어가서 어두운 부분, 접히고 주름진 부분 등을 살핀다.
- 손가락으로 건포도를 잡고 질감을 느껴본다.
- 손가락으로 건포도를 이리저리 굴리면서 질감을 느껴본다.
- 부드러움, 딱딱함, 탄력성, 끈적거림 등 손에 닿는 느낌을 있는 그대로 받아들인다.

- 코 밑으로 건포도를 가져가 숨을 들이쉴 때 어떤 일이 일어나는지 관찰해보자.
- 어떤 냄새든 온전히 알아차린다.
- 아무 냄새가 없다면 냄새가 없음을 알아차린다.
- 향기를 들이마실 때 입이나 뱃속에서 일어나는 것에 주의를 기울여 보자.
- 건포도를 천천히 입으로 가져가면서 손과 팔이 어떻게 움직이는지 살핀다.
- 혀가 건포도를 받아들이기 위해 어떻게 하는지도 관찰해 보자.
- 건포도를 정확히 어디에, 어떻게 위치시켜야 하는지도 살핀다.
- 천천히 건포도를 입안에 살짝 넣은 뒤 씹지 말고 혀로 이리저리 굴리면서 적어도 30초간 건포도의 느낌에 온 신경을 집중해 보자.
- 혀 위에 놓인 건포도가 촉촉한지 건조한지 느껴보자.

- 씹을 준비가 되었으면 건포도가 입안 어디에 어떻게 있는지 알아차려 보자.
- 의식적으로 한 번, 또는 두 번 깨물면서 어떤 감각이 느껴지는지를, 시간이 지남에 따라 순간순간 그것이 어떻게 변하는지 세세히 관찰해 보자.
- 이때 입안에 어떤 느낌이 퍼지는지 살핀다.
- 건포도가 내는 어떤 맛이라도 있는 그대로 느껴본다.
- 이빨로 건포도를 씹을 때의 질감도 느껴본다.
- 아직 삼키지는 말고 천천히 여러 차례 건포도를 씹는다.
- 계속 씹다 보면 삼키고 싶어질 수도 있다. 삼키기 전에 그 충동을 온전한 알아차림으로 경험해 본다.

- 건포도를 삼키기 위해 혀가 어떻게 하고 있는지 주의 깊게 관찰한다.
- 건포도를 삼키면서 느껴지는 감각을 그대로 따라갈 수 있는지 본다.
- 건포도가 위장까지 내려가는 느낌을 의식적으로 감지해 본다.
- 마지막으로 건포도를 다 먹은 다음의 느낌을 있는 그대로 다시 느껴보는 시간을 갖는다.

*건포도 명상을 수행해 본 느낌은?

*잠자기 명상

- 잠잘 준비가 다 되었다면 등을 대고 이불을 덮고 똑바로 눕는다.
- 잠시 시간을 갖고 침대가 몸을 떠받치고 있는 느낌, 침대에 파묻히는 느낌을 음미한다.
- 코로 들이쉬고 입으로 내쉬면서 심호흡을 서너 차례 한 후, 숨을 내쉬면서 그날 하루의 생각과 감정이 저 멀리 사라지고 몸의 모든 긴장이 녹아 없어지고 있다고 상상한다.
- 몸과 마음이 어떻게 느끼고 있는지 자각한다.
- 수많은 생각이 떠올라도 그냥 그렇게 떠오르게 두고 저항 없이 천천히 머리끝에서 발끝까지 온몸을 훑는 과정을 서너 번 되풀이한다.
- 이 시점에서 숨을 들이쉬고 내쉴 때의 부풀고 꺼지는 느낌을 자각한다.
- 주의가 흐트러지고 마음이 여기저기 헤매고 있음을 깨닫는 순간 곧바로 현재로 돌아온다.

- 오늘 하루를 처음부터 끝까지 무심히 돌이켜 본다.
- 아침에 눈을 뜬 직후부터 그날 겪은 일, 모임, 대화를 재생해 본다.
- 침대에서 몸을 돌려 일어나는 장면, 알람을 끄는 장면, 욕실로 걸어가는 장면, 샤워하는 장면, 아침을 먹는 장면, 명상하는 장면, 직장으로 걸어가는 장면, 동료와 인사하는 장면 등을 떠올리면서 무심히 바라본다.
- 지금 이 순간으로 다시 돌아와 몸에 초점을 맞춘다.
- 발끝으로 내려가 왼발 새끼발가락에 주의를 기울이며 신경을 끈다고 상상한다.

- 새끼발가락에 주의를 집중하면서 '힘을 빼자' 또는 '그저 쉬자'라는 말을 속으로 한다.
- 주의를 왼쪽 새끼발가락에 이어 발 전체, 발목, 종아리, 허벅지, 엉덩이와 골반까지 차례차례 거슬러 올린다.

- 주의를 반대편 오른발 새끼발가락부터 시작해서 차례차례 골반까지 거슬러 올린다.
- 주의를 허리, 가슴까지 올라간 뒤 왼쪽 팔, 손바닥, 손가락으로 차례차례 내린다.
- 주의를 오른쪽 손가락에서 팔, 어깨로 올린다.
- 주의를 목, 얼굴, 머리로 올린다.
- 주의를 멈추고 긴장이 풀리는 느낌, 통제를 포기하는 느낌을 즐긴다.
- 잠들 때까지 마음이 이 생각 저 생각 자유로이 떠돌아도 내버려 둔다.

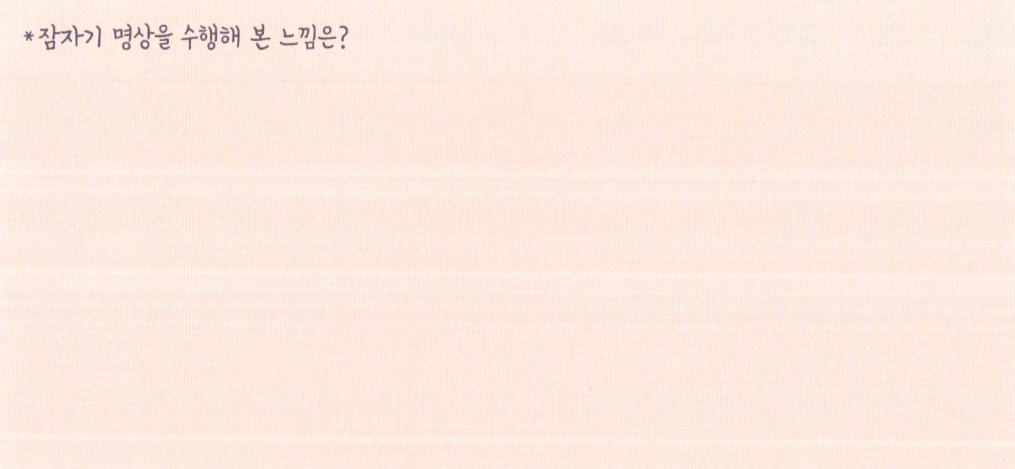

*잠자기 명상을 수행해 본 느낌은?

제4장
참선 명상

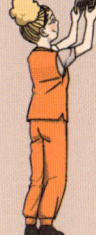

*참선이 탄생한 배경

참선 명상은 참선을 수단으로 하는 명상이다. 참선은 그 수행자를 집중과 몰입으로 이끈다. 그래서 참선 명상은 집중명상이라고 불린다. 미국이나 유럽 등에 한정되기는 하지만 유태교인들도 건강을 위한 집중명상으로 참선을 수행하기도 한다. 그런데 참선은 불교종파의 하나인 선종禪宗의 수행방법이다. 선종은 인도가 아니라 중국에서 탄생한 종파이기 때문에 참선 명상을 이해하기 위해서는 그 배경에 대해 알아볼 필요가 있다.

석가모니불은 35세에 성불해서 80세에 열반할 때까지 45년 동안 가르침을 폈다. 석가모니불이 열반하자 지도급 제자들은 스승의 가르침이 사라지는 것을 막고 교단을 유지하기 위해서 스승에게서 들은 가르침을 서로 확인한 다음에 그 내용을 다 같이 암송했다. 이 암송은 처음에는 교리와 계율이었는데 여기에 대한 해석인 담론을 더해서 경·율·론 삼장이 되었다.

불교의 출가수행자들은 삼장에 대해 전문적으로 공부하면서 명맥을 이어갔다. 그렇게 계승이 되는 과정에서 교리나 계율에 대해 여러 가지 의견이 나왔는데, 의견이 같은 스님들끼리 모여 따로 교단을 만들자 소위 부파불교시대가 되었다.

이 부파들의 경쟁이 치열해지자 불교의 대중적 측면은 약해지면서 고립적이고 철학적 측면이 강해졌는데, 이에 대한 반동으로 부파불교의 가르침과는 다른 새로운 내용을 주창하는 사람들이 나타났다. 이들은 자기들의 가르침은 나만이 아니라 다른 사람들도 같이 성불을 향해 가는 것이라면서 그것을 대승불교, 즉 큰수레불교라고 불렀고, 부파불교의 가르침을 소승불교라고 불렀다.

불교는 서력기원 1세기에 중국에 전해졌다고 알려져 있지만 이는 정부에 의한 공인이고, 민간에는 이미 널리 알려져 있었을 가능성이 높다. 아무튼 중국에는 대승불교와 부파불교(소승불교)의 가르침을 담은 경전들이 모두 들어와 번역되었다. 이 과정에서 위빠사나의 내용을 담고 있는 『대념처경』, 『염처경』 등도 번역되었으나 주목을 받지 못했다.

중국의 남북조 시대인 서력기원 520년 무렵에 인도에서 뱃길을 통해 달마라는 스님이 양나라에 들어왔다. 특이한 외모 때문인지 궁으로 불려간 달마는 황제와 불교에 대한 대담을 하게 되었다. 황제의 질문에 대해 상식 밖의 대답을 한 달마는 곧 궁을 나와 양자강을 건너 북위로 가버렸다.

달마가 궁에서 나가자 양나라 황제는 곧 자국의 고승들을 불러 문답의 내용을 들려주는데, 그들은 달마가 참선의 대가라고 알려주었다. 이로 미루어 볼 때 중국에도 『안반수의경』 등에 근거한 참선수행이 이미 행해지고 있었다고 볼 수 있다.

북위로 간 달마는 소림사에 속해 있는 굴에서 벽을 바라보고 앉았다. 벽관바라문에 대한 소문이 서서히 퍼져나갔는데, 9년이 지난 어느 겨울날 신광이라는 중국인 스님이 달마를 찾아왔다. 두 사람 사이에 문답이 이루어지고 달마는 그를 제자로 받아들이면서 혜가라는 이름을 주었다.

달마에게는 6~7인의 제자들이 있었는데 혜가가 석가모니불의 의발(衣鉢, 옷과 밥그릇)과 『능가경』을 전수받고 법맥을 이었다. 혜가가 이은 법맥은 승찬 → 도신 → 홍인 순으로 이어졌다. 이 과정에서 달마가 전해 준 『능가경』이 사라지자 홍인은 『금강경』을 소의경전으로 삼았다. 홍인의 문하에는 1,000명이 넘는 제자들이 있었기 때문에 이들에 의해 선종이라는 종파가 형성되고 있었다고 볼 수 있다.

일자무식 나무꾼 혜능은 우연히 주막에서 『금강경』의 한 구절을 듣고 마음이 계발되어 홍인을 찾아갔다. 혜능은 수개월 동안 방아를 찧으면서 수행하다가 홍인과의 문답 끝에 인가와 함께 의발만 물려받았다. 석가모니불이 남긴 의발이 쟁탈의 대상으로 전락할 것을 우려한 홍인의 당부를 받아들인 혜능은 어느 제자에게도 의발을 물려주지 않았다.

혜능의 입적 후에 그의 가르침과 간략한 전기를 담은 『육조단경六祖壇經』이 만들어졌다. 여기서 홍인은 오조五祖로 존칭이 됐다. 따라서 달마는 초조初祖, 혜가는 이조, 승찬은 삼조, 도신은 사조가 되며, 오조 홍인에게 법맥을 물려받은 혜능은 자연히 육조가 됐다.

육조 혜능의 제자에 남악 회양이 있고, 남악 회양의 제자에 마조 도일이 있다. 통일신라 말기에 신라에서 온 스님들은 대부분 이 마조 도일 문중門中의 선사들에게 참선을 배웠다. 그 결과 견성성불한 신라 스님들은 한반도로 돌아와서 구산선문九山禪門을 열었다. 그런데 마조 선사가 신라 출신인 정중 무상 스님의 제자이기도 했으니 禪法이 고향으로 돌아왔다고 할 수 있겠다.

홍인의 또 다른 제자인 신수는 당나라의 서울인 장안에서 참선을 가르쳤는데 이는 중국의 북쪽에 해당한다. 이에 비해 혜능은 중국의 남쪽 지방에서 가르쳤다. 이로 인해 신수와 그 제자들은 선종 가운데 북종北宗이라고 불렸고, 혜능과 그 제자들은 남종(南宗)이라고 불렸다. 세월이 갈수록 선종은 성장했는데, 선종 안에서는 북종보다 남종이 흥성했다.

남종을 중심으로 하는 선종은 자신들의 법맥을 석가모니불에게 연결시켰다. 하지만 선종의 초대 조사는 석가모니불이 아니라 마하가섭이다. 왜냐하면 석가모니불은 교리를 중심으로 하는 언어적인 가르침도 했었고, 마하가섭이 삼처전심三處傳心이라는 특별한 방법으로 석가모니불의 인정을 받았기 때문이다. 세 곳에서 마음을 전한 방식들은 모두 비언어적이었다. 이는 언어를 사용하는 경·율·론과는 아무런 상관이 없으므로 '교외별전敎外別傳 불립문자不立文字 직지인심直指人心 견성성불見性成佛'이라는 선종의 종지와 잘 들어맞았다.

선종의 제2조는 아난이다. 아난은 석가모니불의 비서실장을 오랫동안 했고, 천재적인 기억력으로 인해 경전의 시작을 알리는 '이와 같이 나는 들었다!'라는 문구의 주인공이 되었다. 그런데 아난은 석가모니불이 열반한 뒤에 마하가섭의 특별지도를 받아 아라한이 되었다. 이는 교종의 초조가 선종의 초조에게 가르침을 받아 선종의 2조가 되었음을 의미한다. 여하튼 선종에서 주장하는 법맥에 의하면 달마는 인도의 28대 조사이면서 중국 선종의 초조이다.

선종, 특히 남종의 조사들은 비언어적인 방법을 선호했으며, 언어를 사용하는 문답을 하더라도 언어적 논리를 철저하게 배격했다. 이런 성향을 가진 선종은 천태종, 화엄종, 법상종 등의 교종과 자연스럽게 대립하게 됐다. 도시를 중심으로 자리를 잡은 교종은 대체로 집권층의 인사들과 친했는데 최고 권력자인 황제가 불교를 탄압할 경우 교세가 급격하게 쇠퇴했다. 이에 반해 산간벽지에 자리를 잡은 선종은 탄압을 피하고 교세를 확장할 수 있었다.

한국의 경우 유교를 국시로 하는 조선시대 500년 동안 불교는 철저한 탄압을 받았다. 이 과정에서 교종은 몰락해 버렸다. 선종도 탄압을 받았지만 그 명맥을 유지할 수 있었다. 그 결과 1945년 해방 이후 선종이 한국불교의 주류로 자리를 잡았다. 2000년 이후 남방불교의 경전인 『니까야』에 근거한 초기불교의 가르침이 자리를 잡아가면서 선종은 석가모니불과는 상관이 없는 조사들의 가르침, 즉 조도祖道로 폄하되기도 한다. 선종의 수행방법인 화두참선 역시 같은 처지이다.

그런데 선종과 그 수행법인 참선은 1,500년 이상 지속되었다. 참선의 한 가지 방법인 화두참선도 약 1,000년 동안 최상의 수행법으로 인정받았다. 이는 선종이 불교인가 비불교인가의 여부에 상관없이 화두참선은 명상으로서 장점이 있다는 것이다. 이제 그 장점이 무엇인지 알아보자.

1) 참선 명상의 원리

1) 참선 명상의 원리

(1) 참선에 대한 이해

가) 경전(교리)에 의지하지 않는다.

선종이 탄생할 즈음인 서력기원 6세기 무렵에는 한자로 된 많은 경전이 유통되고 있었다. 천태종이나 화엄종 등 교종의 스님들은 경전의 내용을 공부하며 수행했다. 그런데 선종의 조사들은 경전을 무시하거나 심한 경우 배격했다. 왜냐하면 선종의 조사들은 경전에 있는 불교의 주요교리들을 성불을 방해하는 요소로 보았기 때문이다. 따라서 정확하게 표현하면 선종이 배격하는 것은 석가모니불의 가르침을 체계적으로 정리했다는 교리이다. 따지고 보면 석가모니불의 전신인 고타마 싯다르타 또한 교리를 공부하지 않았다. 그가 수행한 것은 이론이 아닌 명상수행으로, 참선과 맥락을 같이하는 것이다. 모든 경전의 앞머리에 나오는 '이와 같이 나는 들었다'의 주인공인 아난도 마하가섭의 지도로 명상수행에 집중한 뒤에 아라한이 되었다.

나) 참선에 의지한다.

선종의 조사들은 경전 대신 참선을 제시했다. 참선은 선을 통해 깨달음을 추구하는 것이다. 선은 집중명상을 의미하는 'Dhyana'의 번역어인 '선나禪那'에서 '나'를 땐 것이다. 따라서 참선은 초기불교의 집중명상에 근거를 두고 있다.

집중명상은 마음(정신)을 집중하는 것이다. 일반적으로 이 집중의 대상은 마음이다. 마음이 스스로에 집중하는 것이다. 이는 일종의 관조에 해당한다. 이런 방식은 선종 성립 후 약 500년 뒤에 등장한 묵조선과 통한다.

그런데 대부분의 수행자는 마음에 대한 집중을 놓치고 번뇌나 망상에 시달린다. 이를 방지하기 위한 것이 바로 화두話頭다. 화두는 깨달음을 두고 조사들과 제자들 사이에 행해진 언행을 말한다. 화두참선 수행자는 그 언행에 집중한다. 이는 대상이 확실하기 때문에 마음이 그 자신에게 집중하는 것보다 훨씬 쉽다.

다) 스승의 지도에 의지한다.
선종의 수행자들은 스승(조사)에게 지도를 받는다. 이는 스승이 먼저 깨달음을 이루었기 때문이다. 스승은 제자와의 문답이나 그의 모습을 통해 제자의 수준을 파악하고 그에 맞는 적절한 말이나 행동을 통해 그의 깨달음을 촉발한다. 이 말이나 행동은 약 500년 뒤에 『경덕전등록』에 채집되어 이른바 1,700공안이라는 화두가 된다.

라) 중간 단계가 없다.
초기불교나 부파불교에서는 수행자들이 도달할 수 있는 경지로 4가지를 제시한다. 이 4가지는 수다원, 사다함, 아나함, 아라한이다. 수행자들은 수다원에서 시작해 사다함과 아나함을 차례대로 거쳐서 최종단계인 아라한이 된다. 모든 번뇌가 사라지고 열반을 증득한 아라한은 사실상 부처님과 같은 지위이다.
대승불교에서 수행자들이 도달할 수 있는 경지는 경전에 따라 다른데, 모두 수십 가지나 된다. 『화엄경』을 예로 들면 최종단계인 불지佛地를 포함해 모두 41가지이다. 이처럼 초기불교와 부파불교, 대승불교는 최저 위치에서 최고 위치로 가는 단계를 제시한다.
그런데 선종에서는 이런 단계가 없다. 굳이 단계를 말하자면 2단계다. 깨닫지 못한 단계와 깨달은 단계가 있을 뿐이다. 그 사이에 중간 단계들은 없다. 이는 선종의 수행자들이 열심히 수행하다가 집중의 단계가 임계치를 넘어가면 어느 순간에 깨닫게 되기 때문이다.

마) 문답과 인가
선종의 수행자들은 일정 기간 참선을 한 다음에 스승과 문답을 한다. 이 문답을 통해 스승은 수행자의 수준에 대해서 평가를 한다. 평가결과 제자가 깨달음을 얻었다고 생각하면 합격인정인 인가를 한다. 인가를 받지 못한 수행자는 스승이 주는 힌트나 아이디어를 받아 다시 참선을 계속한다.

인가를 받은 수행자는 조사와 스승이 될 수 있다. 따라서 선종에서는 이 인가를 아주 중요하게 여기는데, 대부분의 경우 인가를 받은 제자는 스승에게서 인가를 증명해 주는 문서를 받게 된다. 이 문서에는 한시의 형식을 빌려서 '아무개에게 나의 법을 전한다!'는 내용이 쓰여 있다.

(2) 참선 수행자의 마음가짐

가) 의문의 마음

선종의 수행자는 스승이나 선후배 등이 얻은 깨달음에 의문을 가져야 한다. 그 의문은 '그 사람은 그렇게 해서 깨달음을 얻었다는데 그 내용은 과연 무엇인가?'와 같은 것이다. 예를 들면 'A조사는 깨달음이 무엇인가를 묻는 질문에 항상 손가락을 세워 보였는데 그 손가락을 본 질문자가 깨달음을 얻었다고 한다. 도대체 어떻게 된 일인가?', 'B조사는 깨달음을 얻기가 세수하다 코만지는 것처럼 쉽다고 한다. 나도 매일 세수하면서 코를 만지는데 못 깨닫는다. 도대체 어떻게 된 일인가?' 등이다. 선종의 스승들은 이 의심이 의정疑情을 거쳐 의단疑團, 나아가 대의단이 되기를 바란다.

나) 분한 마음

어떠한 분노도 일으키지 말라는 경전의 가르침과는 달리 선종의 스승들은 수행자들에게 분한 마음을 가지라고 강력하게 요구한다. 선종의 수행자는 스승이나 선후배 등 깨달은 사람들이 자기들끼리 신호를 주고받으며 즐거워하는데 나는 아직도 깨닫지 못한 상태에 있다는 사실에 대해 분한 마음을 가져야 한다.

이 분한 마음은 수행자에게 자극제일 뿐만 아니라 추진력이기도 하다. 분한 마음이 강하면 강할수록 견성성불로 향하는 수행도 치열해지기 때문이다. 그래서 선종의 스승들은 수행자들에게 대분심大忿心, 즉 크게 분노하는 마음을 일으키라고 한다.

다) 믿는 마음

선종의 수행자는 먼저 참선에 대해 절대적으로 믿는 마음, 즉 대신심大信心을 가져야 한다. 교종의 수행자들은 경전의 내용을 공부하면서 수십 생 혹은 수백 생이 지난 다음에 성불할 것을 목표로 하지만 선종의 수행자들은 참선으로 지금 여기서 성불할 것을 목표로 한다. 이처럼 참선에는 즉신성불卽身成佛의 힘이 있음을 선종의 수행자는 의심하지 말아야 한다. 또 선종의 수행자는 스승에 대해 믿는 마음을 가져야 한다. 선종의 스승은 이미 깨달음을 얻은 조사이다. 따라서 선종의 수행자는 스승이 자신을 깨달음으로 이끈다는 것을 믿어 의심치 말아야 한다.

(3) 참선의 원리

참선은 다음과 같은 세 가지 과정을 가진다.
첫째, 수행자는 크게 의문을 가지는 마음, 크게 분해하는 마음, 크게 믿는 마음을 가진다.
(크게 보면 이런 마음을 가지는 순간 이미 참선은 시작되었다.)
둘째, 수행자는 마음을 관조하거나 화두를 든다.
(앉아서 하는 좌선에서 시작해 자세에 구애받지 않는 상태로 나간다.)
셋째, 수행자는 어느 순간에 깨닫는다.
(그 순간에 수행도 끝난다.)

위의 과정을 도표화하면 다음과 같다.

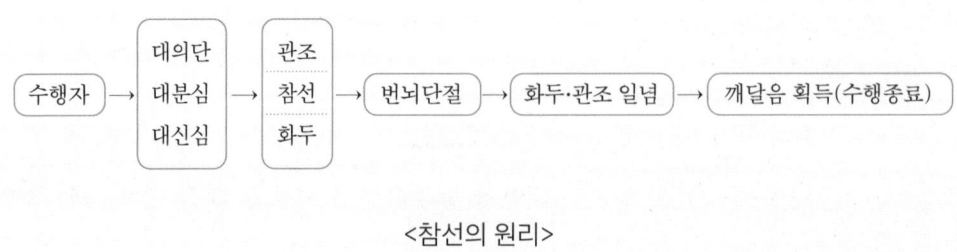

<참선의 원리>

참선, 즉 선을 수행하는 것은 교, 즉 석가모니불의 가르침을 배우는 것에 비하면 대단히 파격적인 발상이다. 일반적으로 불자들, 즉 불교신자들은 경전의 내용을 공부하면서 수십 생 혹은 수백 생이 지난 다음에 성불할 것을 목표로 한다. 하지만 선종의 수행자들은 지금 여기서 성불하는 것을 목표로 하는데 그것을 가능하게 해주는 것이 바로 참선이다.

2) 참선 명상의 실제

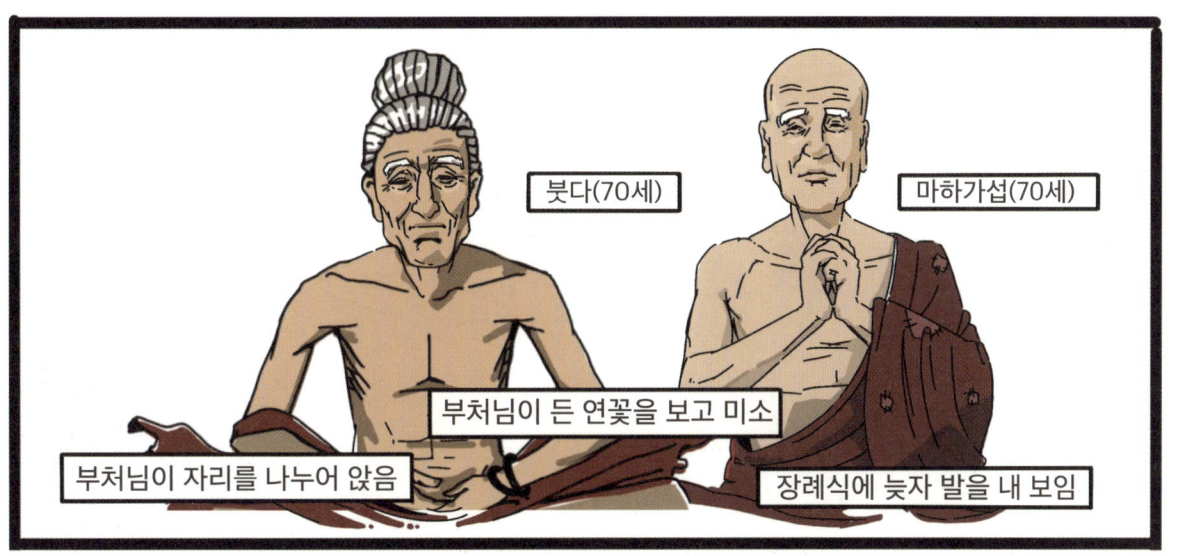

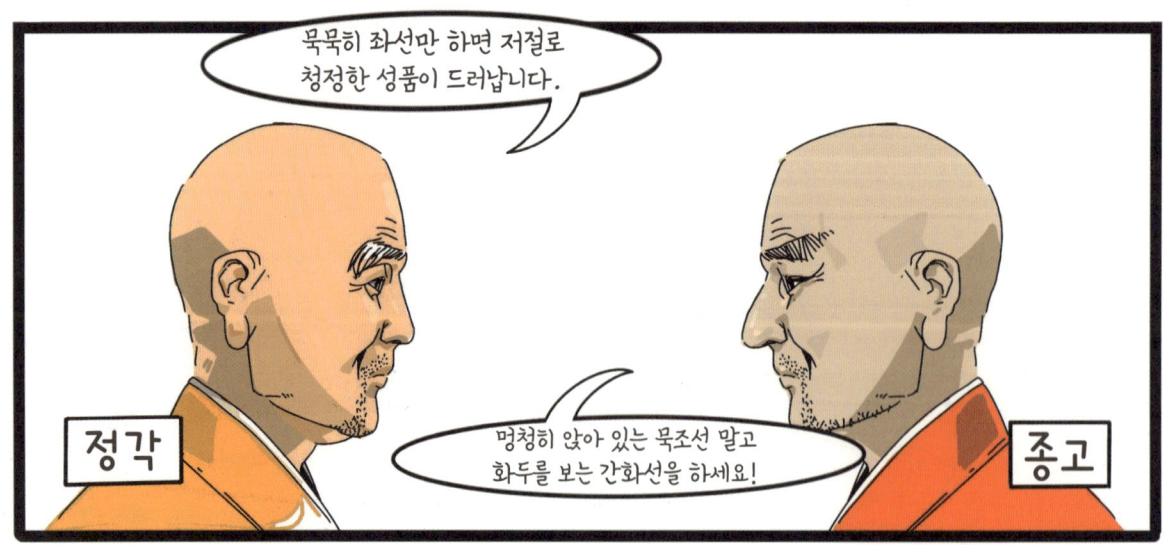

2) 참선 명상의 실제

참선(參禪, 선을 닦음)에는 크게 두 가지 방법이 있다. 하나는 묵조선이고 다른 하나는 화두선이다. 양쪽 모두 견성성불(見性成佛, 자신의 성품을 보아 부처가 됨)을 최종목표로 하지만 그것을 달성하는 방법은 다르다.

묵조선은 수행방법으로 좌선(坐禪, 앉아서 선을 닦음), 묵조(墨詔, 묵묵히 자신의 본성을 비추어 봄), 자각(自覺, 스스로 알아차림)을 제시한다. 묵조선수행자는 좌선을 하면서 묵묵히 자신의 본성을 비추어 보고 그것이 불성(佛性, 부처의 성품)임을 알아차리면 된다.

화두선은 수행방법으로 참선(參禪, 선을 닦음), 화두(話頭, 지극한 의심), 화두타파(話頭打破, 화두를 해결함)를 제시한다. 화두선수행자는 자세에 구애받지 않고 화두에 집중해 그것을 풀어(깨뜨려) 버림으로써 자신의 불성이 드러나게 한다.

묵조선 수행을 제시한 정각 스님은 모두가 깨달은 상태에 있지만 그것을 알아차리지 못했을 뿐이라고 봤다. 이 알아차림을 위해서 필요한 것이 바로 좌선이다. 좌선, 즉 가부좌를 틀고 앉음은 묵조, 즉 묵묵히 비추어 봄으로 이어지고, 묵조는 깨달음 상태에 대한 알아차림으로 이어진다. 여기에 초점을 맞춘 묵조선 수행법은 다음과 같다.

*묵조선 수행법

가. 조용한 장소를 선택한다.

사람이나 자동차 등이 내는 소음은 수행을 방해한다. 따라서 그런 소음이 없거나 적은 곳이 좋다. 깊은 산속에 있는 절이 참선하기에 가장 알맞은 곳이다. 요즘은 일반인도 템플스테이를 통해 절에서의 참선을 경험해 볼 수 있다. 이런 장소를 구하지 못하면 한밤중의 자기 방도 괜찮다.

나. 가부좌를 틀고 앉는다.

바닥에 앉는다. 양발을 교차시켜 각각 반대편의 허벅지에 올려놓는다. 불편한 사람들은 반가부좌, 즉 한쪽 발만 다른 쪽 허벅지 위에 올려놓는다. 묵조선은 알아차림의 출발점인 좌선을 매우 중요시하는데 '가부좌를 틀고 앉은 자세 그 자체가 깨달음의 행위'라고까지 한다. 묵조선에서는 이런 앉음을 지관타좌只管打坐라고 한다.

다. 의식을 내부로 향한다.

의식이 외부의 사람이나 사물로 향하는 것을 막기 위해 눈을 감는다. 이제 저장되어 있는 정보들을 재료로 해서 생겨나려는 망상을 막기 위해 무심한 상태를 유지한다. 옳고 그름, 좋고 싫음 등의 가치판단도 하지 않는다. 이는 위빠사나에서 사띠의 대면과 비슷하다. 이때 졸음이나 멍한 상태에 빠지지 않도록 특히 주의해야 한다.

라. 자신의 본성을 비추어 본다.

묵묵히 본성을 응시한다. 본성을 찾으려는 의지적 작용은 없지만 주의는 본성으로 향해 있다. 이는 위빠사나에서 사띠의 관찰과 비슷하다. 다른 점은 여기에는 이미 청정한 본성, 즉 불성이 나에게 갖추어져 있다는 믿음이 깔려 있다는 것이다. 이 믿음은 불성이 스스로 드러나게 하는 동력원이 된다.

마. 본성이 불성임을 알아차린다.

우리의 본성은 청정하다. 여러 가지 원인으로 인해 생긴 번뇌와 망상의 작용이 사라지면 청정한 본성은 스스로 드러나니 이것이 바로 불성이다. 수행자는 이를 알아차리게 되는데 이 알아차림을 본증자각本證自覺이라고 한다. 이렇게 본증자각이 되면 불성의 작용에 의해 심신(心身, 몸과 마음)에 대한 집착이 사라져 버리는데 이를 심신탈락心身脫落이라고 한다.

우리 모두가 본각, 즉 깨달은 상태에 있다는 묵조선의 주장은 『열반경』의 일체중생실유불성(一切衆生 悉有佛性, 모든 중생은 불성을 가지고 있다)과 맞닿아 있다. 그런데 정각 스님의 주장처럼 묵묵히 앉아서 본성을 비추어보고 불성을 알아차리는 경우는 드물다. 왜냐하면 묵묵히 앉아 있는 단계에서 여러 가지 번뇌와 망상이 끊임없이 나타나 수행자의 본성(불성)을 향한 대면과 관찰을 방해하거나 수행자가 혼침昏沈, 즉 멍한 상태에 빠져 버리기 때문이다.

묵조선이나 『열반경』의 주장처럼 우리가 불성을 가지고 있는 것이 옳다면 번뇌와 망상을 잘 다스릴 경우에 자각은 어렵지 않다. 이 점에 착안한 것이 바로 화두선이다. 화두선은 우리의 정신을 화두에 집중하게 함으로써 번뇌와 망상을 만들어 낼 여지를 주지 않는다. 이는 어떤 매개체도 없이 본성을 직시해야 하는 묵조선이 적합하지 않는 사람들에게 훌륭한 대안이 될 수 있다. 이런 측면에서 보면 묵조선보다는 간화선이 더 대중적인 참선수행법이다.

달마 대사가 중국에 참선수행법을 전한 이후 약 5백 년 동안 많은 선사들이 참선과 관련된 말과 행동을 남겼다. 이를 수집해서 엮은 것이 바로 『전등록傳燈錄』이다. 이 책에는 석가모니불 이후 이어진 법맥法脈과 선사禪師들의 말이나 행동이 수록되어 있다. 선사들의 말이나 행동은 관청의 공문서와 같은 중요성을 띤다고 하여 공안公案이라고 불렸다. 1,700개나 된다는 이 공안들에서 보는 이의 의심을 불러일으키는 것이 그 사람의 화두話頭가 된다.

간화선 수행자는 자신이 선택한 화두에 집중한다. 이때 집중력이 강하면 강할수록 번뇌와 망상의 힘은 약해진다. 의식에서 번뇌와 망상이 일어나지 않고 화두만 남은 상태가 되면 '화두가 순일純一하다'고 한다, 이 상태에서 더 나아가면 화두를 의식하는 나가 사라지고 화두만 남게 되는데 이를 '화두(의심 덩어리)가 독로獨露한다'고 한다. 이 상태가 지속되다가 마침내 그 화두가 만들어 낸 의심이 풀려버리면 이를 '화두를 타파打破한다'고 한다.

*간화선 수행법

가. 화두를 결택決擇한다.

공안들 가운데 가장 큰 의심을 불러일으키는 것을 하나 골라서 이를 화두로 선택한다. 화두는 『전등록』과 같이 선사의 언행이 쓰여 있는 책을 보고 고를 수도 있지만 가능하면 스승(선사)의 지도를 받아서 선택하는 것이 좋다. 스승은 전 수행의 모든 과정에서 도움을 주기 때문이다.

나. 조용한 곳에서 가부좌를 틀고 앉는다.

간화선도 조용한 장소에서 가부좌를 틀고 앉아서 하는 좌선이 기본이다. 가부좌가 어려우면 한쪽 다리만 다른 쪽 허벅지에 올려놓는 반가부좌를 해도 된다. 허리와 목을 바르게 하고 눈은 반쯤 감는다. 시선은 앞쪽 1m 정도의 바닥을 향한다.

다. 화두에 집중한다.

의식을 안으로 모으고 화두를 떠올리며 '왜 이런 말이나 행동이 나왔을까?'에 집중한다. 이 의문은 논리적인 의심이다. 예를 들어 경전에는 '모든 중생이 불성이 있다'고 하는데 조주 선사는 '개에게는 불성이 없다'고 한다. 당연히 '조주 스님이 왜 이런 말을 했을까?'라는 의심이 생긴다. 이 경우에는 '왜'와 '무(無, 없음)'에 초점이 맞춰진다.

크고 작은 여러 가지 번뇌와 망상이 나타난다. 그때마다 곧바로 마음을 돌이켜 화두에 집중한다. 그렇지 않으면 번뇌가 번뇌를 만들고, 망상이 망상을 부르는 역경계逆境界 상황이 일어난다. 또 졸음이 쏟아지기도 하는데 참을 수 없을 정도가 되면 자세를 풀고 일어나 가볍게 걷고 나서 다시 좌선하면 된다. 정신의 멍함이나 마음의 어수선함이 심할 때, 집중하는 기운이 머리로 치밀 때도 마찬가지다. 화두집중이 잘 안 된다고 실망해서는 안 되고, 반대로 잘 된다고 방심하지도 말아야 한다.

라. 자세에 구애받지 않고 화두에 집중한다.

좌선수행으로 화두가 잘 들리게 되면 행(行, 돌아다님), 주(住, 머무름), 좌(坐, 앉음), 와(臥, 누움), 어(語, 말함), 묵(默, 말하지 않음), 동(動, 움직임), 정(靜, 머무름)에 구애받지 않고 화두에 집중한다.

화두에 대한 집중이 강해지면 의심이 의정疑情이 된다. 의심에서 논리적인 부분이 떨어져 나가고 직관적이고 정서적인 의문이 생긴 것이 의정이다. 이때부터 수행자는 사고 작용이 아니라 의문 자체를 직접 대면하고 관찰하기 시작한다.

의정이 시작될 때부터 수행은 순조로워진다. 번뇌와 망상을 부르는 분별작용도 약해지고 화두에 대한 집중력이 강해지기 때문이다. 이때 나타나는 편안하거나 고요한 상태인 순경계順境界도 조심해야 한다. 수행자는 과정에 불과한 순경계에 만족하지 말고 화두타파를 통한 견성성불이라는 목표를 향해 나아가야 한다.

마. 화두만이 남는다.

마침내 화두를 드는 주체인 나가 사라지면(혹은 나와 화두가 일체가 되면) 화두만 남는다. 이때의 의문은 의단疑端이다. 의단은 의정에서 정서적인 부분이 떨어져 나가고 직관적인 부분만 남은 것이다. 예를 들어 구자무불성(狗子無佛性, 개에게는 불성이 없음)화두의 경우 '무(無, 없음)'만 홀로 나타난다. 이를 '의단의 독로'라고 한다.

 의단이 독로하면 수행자는 행주좌와 어묵동정에 이 의단과 함께 하게 된다. 집중이 더욱 강해지면 독로한 의단이 앞을 가로막고 있는 거대한 벽처럼 느껴지면서 먹어도 먹지 않은 것과 같고, 잠을 자도 자지 않은 것과 같은 상태가 지속된다. 봄, 들음, 냄새 맡음, 맛봄, 접촉 등을 통한 느낌도 마찬가지다. 언어로 인한 사고나 판단도 없다.

바. 화두가 타파되다.
끊임없는 극한의 집중이 지속되다가 어느 순간 둑이 터지는 것처럼 화두가 풀리면서 자신의 본성이 드러난다.

화두를 푼(깬) 수행자는 스승이나 선배 선사들과의 문답을 통해 자신의 깨달음이 맞는지 확인한다. 이 과정에서 인정을 받지 못한 수행자는 기존의 화두나 새 화두를 들고 다시 참선을 해야 된다. 인정을 받은 수행자는 대부분 '보림保任'이라는 과정을 거친다. 보호임지保護任持의 준말인 보림은 자신이 깨달은 상태를 잘 지키는 것이다. 보림을 하는 사람은 보통 시장이나 거리처럼 소란한 상황에서도 깨달음의 상태가 그대로인가를 확인한다. 오후보림悟後保任, 즉 깨달은 이후의 수행인 보림이라는 과정도 잘 마친 수행자는 선사가 되어 아직 깨닫지 못한 다른 수행자들을 지도하게 되는 것이 일반적이다. 이상의 과정을 도식화하면 다음과 같다.

수행자 → 화두결택 → 화두 집중 수행 → 화두타파 → 보림 → 선사
　　　　　⇑　　　　　⇑　　　　　⇑
　　　　　의심　→　의정　→　의단
　　　　　(논리적) (정서적·직관적) (직관적)

묵조선이든 화두선이든 목표는 견성성불, 즉 자신의 본성(불성)을 체험하고 성불하는 것이다. 그런데 이 목표지점에 도달하기 위한 수단은 다르다. 묵조선의 방법인 묵조, 즉 '(자신의 본성을) 묵묵히 비추어 봄'은 아주 어렵다. 왜냐하면 우리의 마음이 잠시도 가만히 있지 않으면서 온갖 번뇌와 망상을 만들어 내기 때문이다. 이런 점을 고려하면 묵조는 타고난 자질, 즉 근기根機가 뛰어난 사람에게 알맞은 방법이라고 할 수 있다.

반대로 간화선에서 제시하는 방법인 화두는 묵조보다는 쉬운 수단이다. 왜냐하면 의문(의심·의정·의단)을 매개로 한 집중으로 마음의 날뜀을 다스릴 수 있기 때문이다. 따라서 간화선은 근기의 높고 낮음에 상관없이 모든 사람들이 시도해 볼 수 있는 참선이다. 독자 여러분도 다음에 제시되는 몇 가지 공안을 보고 (혹은 『전등록』 등의 책을 보거나 스승의 제안을 받아) 가장 강한 의심을 일으키는 것을 택해 화두로 삼으면 간화선을 경험해 볼 수 있다.

*어떤 것이 당신의 본래면목입니까?

가) 상황

노 행자(行者, 스님 견습생)가 홍인 스님에게서 의발(衣鉢, 석가모니불이 깨달음을 인정하는 표식으로 준 옷과 밥그릇)을 받아 가지고 갔다는 말을 들은 제자들은 어이없는 한편 화가 치밀었다. 자신들은 정식으로 출가한 스님으로 5조 홍인 대사의 제자가 되어 수년에서 수십 년씩 노력했는데 남방 오랑캐 땅에서 온 보잘 것 없는 행자가 6개월 만에 조사의 표식인 의발을 받아갔으니 말이다. 스님들은 무리를 지어 노 행자를 추적했는데 장군 출신인 혜명 스님이 따라잡았다. 이를 본 노 행자는 의발을 바위 위에 올려놓고 몸을 숨겼다.

노 행자: 믿음을 나타내는 의발을 힘으로 다룰 수 있겠소? 맘대로 하시오.
혜명 스님: (의발을 들려고 했지만 꿈적도 하지 않자) 옷이 아니라 법을 구하기 위해 왔으니 행자께서는 법을 열어주십시오!
노 행자: 선도 악도 생각하지 않을 때 어떤 것이 당신의 본래면목입니까?

나) 의문점
노 행자의 저 말에 혜명은 깨달았다고 한다. 혜명이 깨달은 것은 무엇인가?

*수행 후 느낌

*남전 스님이 고양이를 죽이다-1

가) 상황

스님들이 두 편으로 나뉘어 고양이 한 마리를 서로 자기네 것이라고 싸웠다. 이 소식을 들은 남전 스님이 칼과 고양이를 두고 스님들을 모았다. 스님들이 다 모이자 남전 스님이 한 손에는 고양이 다른 손에는 칼을 들고 소리쳤다.

남전 스님: 여러분, (한마디) 이르면 구할 것이고 이르지 못하면 베어버린다!

1천 명의 스님들이 아무 말도 못하자 남전 스님은 단칼에 고양이의 목을 쳤다.

나) 의문점

불살생의 계율을 어긴 것은 둘째치고 도대체 고양이가 왜 죽어야 하나? 참선을 하면서 집착이나 소유욕을 일으킨 스님들이 문제이지 고양이가 무슨 죄가 있나? 그런데 이 상황에서 고양이를 살리려면 무슨 말을 해야 하나?

*수행 후 느낌

*남전 스님이 고양이를 죽이다-2

가) 상황

사무를 보러 나갔다가 저녁에 돌아온 조주 스님은 남전 스님에게 보고하러 갔다. 남전 스님은 낮에 있었던 '고양이 사건'을 들려주었다. 그러자 조주 스님은 신발을 벗어 머리에 이고는 나가버렸다. 이에 남전 스님이 말했다.

남전 스님: 그대가 있었다면 살릴 수 있었을 텐데…….

나) 의문점

남전 스님은 말을 해보라고 했는데 조주 스님은 행동으로 보였다. 원문(道不得卽斬)의 道가 '이르라(말하라)'가 아니라 '살 길(道)'을 보이라는 뜻이었나? 그렇다면 신고 있던 신발을 벗어 머리에 이고 가버리는 행위가 어떻게 고양이의 살길이 될 수 있다는 말인가?

*수행 후 느낌

*없다!

가) 상황

어느 스님: 개에게도 불성이 있습니까?

조주 스님: 없다!

어느 스님: 모든 중생이 불성이 있는데 개는 왜 없습니까?

조주 스님: 그는 업식業識이 있기 때문이다.

나) 의문점

불경에 의하면 모든 중생에게는 불성이 있다. 개도 중생에 속한다. 따라서 개에게도 불성이 있어야 한다. 그런데 조주 스님은 왜 없다고 했을까? 이 문답에서 '불성 없음'의 원인을 제공한 업식은 개만 가지고 있는 것이 아니라 사람도 가지고 있다. 그렇다면 사람도 불성이 없는 것인가? 개에게 불성이 없다는 것은 조주 스님의 말장난인가?

*수행 후 느낌

*뜰 앞의 잣나무다!

가) 상황

어느 스님: 달마 스님이 서쪽에서 온 뜻이 무엇입니까?
조주 스님: 뜰 앞의 잣나무다!

나) 의문점

달마 스님은 당연히 선(불법)을 전하러 왔다. 따라서 어느 스님의 질문에 담긴 뜻은 '달마 스님이 전하려고 한 그것은 무엇인가?'라는 것이다. 여기에 조주 스님은 '뜰 앞의 잣나무'라고 대답했다. 뜰 앞에 잣나무가 아니라 대나무가 있었다면 대나무라고 했을까?

*수행 후 느낌

*차나 마시고 가게-1

가) 상황

두 스님이 조주 스님을 찾아 왔다.

□□ 스님: 불법의 큰 뜻이 무엇입니까?
조주 스님: 전에 여기 온 적이 있나?
□□ 스님: 없습니다.
조주 스님: 차나 마시고 가게.

나) 의문점

손님이 왔으니 차를 내왔을 것이다. 질문이 너무 식상했던지, 전에 여기 와서 선문답을 해 본 경험이 있는지 물었다. 없다고 하자 차나 마시고 가란다. 수준이 너무 낮아서 상대를 않겠다는 것인가? 혹시 질문에 대한 답을 정확하게 한 것인가?

*수행 후 느낌

*차나 마시고 가게 - 2

가) 상황

○○ 스님: 달마 스님이 서쪽에서 온 뜻이 무엇입니까?
조주 스님: 전에 여기 온 적이 있나?
○○ 스님: 한 번 와 본 적이 있습니다.
조주 스님: 차나 마시고 가게.

나) 의문점

이 스님도 같이 온 스님처럼 많이 하는 질문을 했다. 이번에도 질문이 식상했던지, 여기 와서 선문답을 해 본 경험이 있는지 물었다. 한 번 있다고 하자 차나 마시고 가란다. 선문답 경험이 없어도 차나 마시고 가라 하고 선문답 경험이 있어도 차나 마시고 가라 한다. 놀리는 것인가? 아니면 차를 마시는 행위가 질문들에 대한 답인가?

*수행 후 느낌

*차나 마시고 가게-3

가) 상황

조주 스님과 두 손님의 문답을 보고 있던 원주 스님이 나섰다.

원주 스님: 스님, 왜 한 번도 온 적이 없는 사람이나 한 번이라도 온 적이 있는 사람이나 같이 차나 마시고 가라고 하십니까?
조주 스님: 원주!
원주 스님: 네?
조주 스님: 차나 마시고 가게.

나) 의문점

원주 스님은 절의 살림살이를 책임지고 있다. 가난한 절이라 원주가 직접 차를 내 왔을 것이다. 원주가 보기에도 뭔가 비정상이었던 모양이다. 그런데 원주보고도 차나 마시고 가란다. 조주 스님이 내는 차에는 뭔가 특별한 것이 있나? 아니면 한심한 질문이나 하는 세 사람을 한 구덩이에 넣고 묻어 버렸나?

*수행 후 느낌

*내 장례는 자네가 할 거야

가) 상황

태능 스님이 묘향산 원적암으로 찾아가 가르침을 청하자 서산 스님은 『능엄경』을 몇 줄씩 가르쳤다. 그런데 태능 스님이 방으로 들어갈 때마다 서산 스님은 보고 있던 조그만 책자 같은 것을 얼른 품속에 감췄다. 잘 알고 있는 『능엄경』을 배우는 것도 지쳤고 자기한테는 안 알려 줄려는 뭔가에 대한 섭섭한 감정도 있고 해서 태능 스님은 떠나기로 하고 하직 인사를 했다.

서산 스님: 이 책이나 가져가게. 아마 내 다비(茶毘, 불교식 장례)는 자네가 하게 될 걸세.

산모퉁이를 돌아서 잠시 쉬는 김에 태능 스님은 작별선물로 받은 작은 책을 꺼내 펴 보았다.

可笑騎牛者 가소기우자 우습구나, 소를 탄 사람아.
騎牛更覓牛 기우갱멱우 소를 탄 채 소를 찾는구나.
將來無影樹 장래무영수 그림자 없는 나무가 되면
消盡水中漚 소진수중구 물속의 거품은 사라지리라.

글귀를 보는 순간 깨달음을 얻은 태능 스님은 즉시 원적암으로 돌아갔는데 서산 스님은 이미 입적해 있었다. 태능 스님은 스승의 다비식을 치렀다.

나) 의문점

태능 스님은 뭘 깨달았나?

*수행 후 느낌

*한밤중에 대문 빗장을 만져 보라!

가) 상황

1950년 해방 이후에 한국불교를 대표하는 선사들 가운데 한 사람이던 경봉 스님이 1982년 입적(入寂, 스님이 세상을 떠남)하게 되었다.

제자 스님: 이렇게 가시고 나면 어떻게 해야 스님을 다시 뵐 수 있습니까?
경봉 스님: 야반삼경(夜半三更, 한밤중)에 대문빗장을 만져 보거라!

나) 의문점

사람이 사망하고 나면 다시는 그 사람을 볼 수 없다는 것은 누구나 아는 사실이다. 그런데 제자 스님은 다시 만날 수 있는 방법을 가르쳐 달라고 했다. 그러자 경봉 스님은 '네가 야반삼경, 즉 한밤중에 절 대문의 빗장을 만져보면 나를 다시 만날 수 있다'고 했다.

현관문은 절집의 대문에 해당하니 대문빗장은 현관문 손잡이다. 일상생활을 하는 사람이라면 적어도 하루에 두 번 이상은 현관문 손잡이를 만진다. 현관은 불교에서 나온 말로 원래는 깨달음으로 가는 관문을 뜻한다. 여러분이 현관문 손잡이를 열고 집으로 들어가면 깨달음으로 들어가는 것이고, 그 반대면 깨달음을 떠나는 것이다. 그렇다면 여러분의 집 어디에 깨달음이 있는가? 어떻게 하면 현관문 손잡이를 만질 때마다 경봉 스님을 만날 수 있는가?

*수행 후 느낌

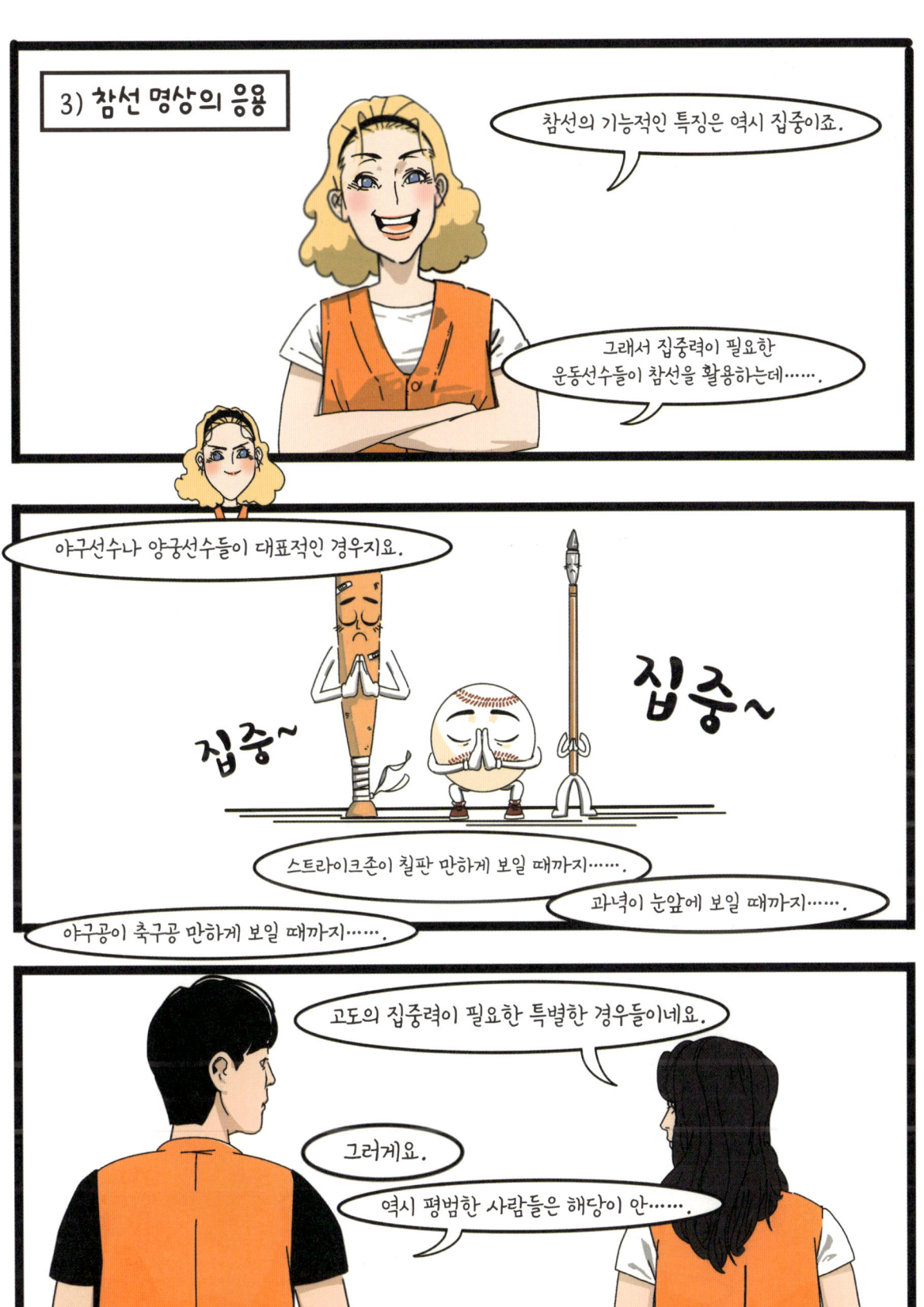

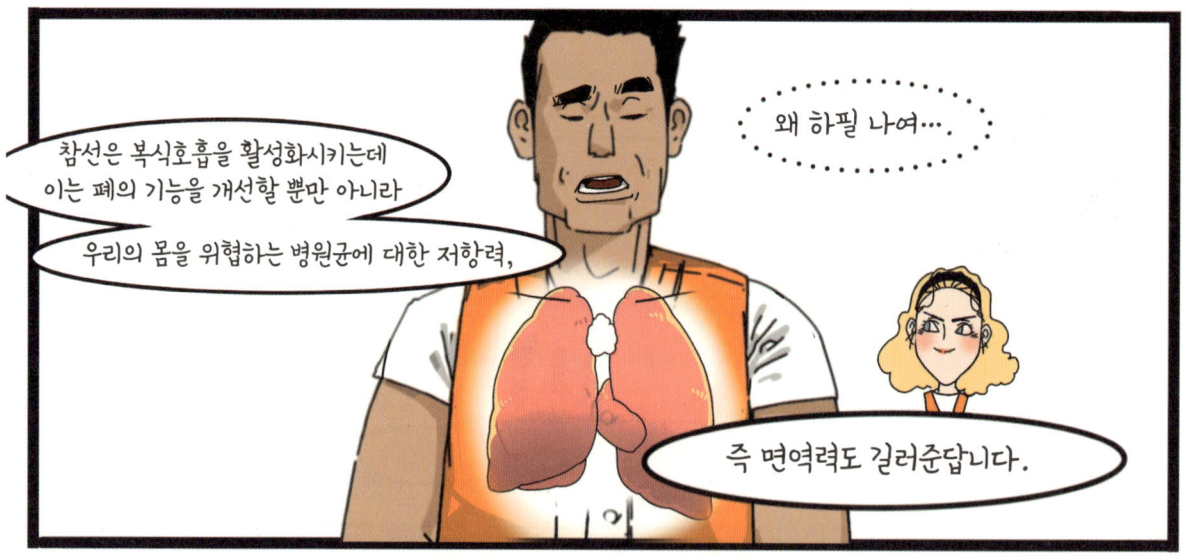

3) 참선 명상의 응용

*참선의 활용

유태인들은 좌선을 배운 후에 유대교에 더욱 충실하게 되었다고 했다. 이 예에서 볼 수 있듯이 참선을 활용하는 데 부담감을 가질 필요는 전혀 없다. 불교인이건 타종교인이건 무종교인이건 누구든지 일단 참선을 해보는 것이 중요하다. 스님들이나 불자들은 타종교인이나 무종교인이 절에 와서 템플스테이를 하고 참선을 배운다고 해서 불자가 되라고 강요하는 일이 전혀 없다. 따라서 종교보다 과학을 믿는 사람들은 부담 없이 참선을 수련해 볼 수 있다.

참선은 구슬들과 같다. 참선을 수련하면 그 구슬들은 꿰어져서 목걸이, 팔찌 등의 용도로 쓰인다. 또 참선은 끊임없이 솟아나는 샘물과 같다. 참선을 수련하면 그 물은 음료수가 되고, 밥 짓는 물이 되고, 차를 끓이는 물이 된다. 이처럼 참선을 잘 활용하면 여러 가지 이익을 얻을 수 있다.

참선을 배운 후에 나에게 필요한 요소들만 활용하면 된다. 참선을 심신의 건강을 관리하는 수단으로 활용할 수도 있고, 업무나 학업에서 집중력을 높이는 도구로 활용할 수도 있다.

위빠사나와 마찬가지로 참선 명상도 일상생활 속에서 활용될 수 있다. 좌선하는 것처럼 앉아서 호흡에 집중하는 것만으로 건강에 도움이 된다. 다만 앉는 자세는 가부좌나 반가부좌를 선택하는 것이 좋다. 양반다리 등의 자세로는 허리를 꼿꼿하게 펴서 10분 이상 유지하는 것이 쉽지 않기 때문이다. 허리를 바르게 펴는(척추를 바르게 하는) 자세는 목도 바르게 펴도록 유도한다. 이는 휴대폰이나 컴퓨터의 화면을 보기 위해 굽어 있던 등이나 목을 교정해 주는 역할을 한다.

또 호흡에 있어서도 좌선을 통해 큰 이익이 있을 수 있다. 현대인들은 여러 가지 이유로 인해 호흡이 얕고 짧아져 있다. 참선에서 하는 복식호흡은 호흡을 길고 깊게 하도록 유도한다. 이는 우리 몸에 필수적인 요소인 산소가 전신에 골고루 충분하게 공급될 수 있도록 할뿐만 아니라 산만한 정신도 차분하게 가라앉게 해 준다. 따라서 하루에 5분이나 10분이라도 매일 꾸준하게 계속되는 참선은 이렇게 신체와 정신의 건강에 도움이 되는 것이다.

수련자가 좌선자세를 하고 호흡에 집중할 때 그 수단으로 널리 사용되는 것이 산수算數, 즉 '수를 세는 것'이다. 날숨이나 들숨을 분리하거나 합쳐서 하나, 둘(혹은 1, 2)과 같은 숫자를 속으로 붙여보자. 이는 그냥 숨을 쉬는 것보다 쉽게 집중할 수 있게 해준다. 익숙해지면 숫자를 늘려 가면 되는데 이에 따라서 집중력도 강해진다. 강한 집중력은 수련자가 일상생활에서 업무능력이나 학습능력을 높이는 데 크고 작은 도움을 줄 수 있다.

비록 자세교정이나 건강개선 등을 목적으로 한다고 해도 좌선수련에는 몇 가지 필요한 요소들이 있다. 몸·호흡·마음을 조절하는 삼조三調, 좌선수련을 할 수 있는 장소, 도움을 줄 수 있는 스승(혹은 선배) 등이다. 화두의 경우 집중의 수단으로 선택할 수도 있는데 불교신자가 아니라면 어려운 수학문제나 업무상 과제 등을 사용해도 된다. 다만 그 문제나 과제가 만드는 연상 작용에 빠져서 자세나 호흡, 산수를 놓쳐서는 안 된다. 이상을 정리하면 다음과 같다.

* 좌선坐禪

좌선은 앉아서 참선하는 것이다. 앉아 있다고 참선을 하는 것이 아니라고 할 수 있다. 하지만 좌선은 참선의 기본이며 출발점이다. 이는 전국의 불상이 좌선 자세를 취하고 있고, 인더스 고대문명의 유물들 가운데 '요가하는 인물상'의 자세도 좌선 자세와 유사하기 때문이다. 따라서 참선을 하는 사람들은 좌선을 알아야 한다. 특히 참선을 처음 시작하는 초심자는 반드시 그래야 하는데, 좌선을 위해서는 다음과 같은 여러 가지 요소가 필요하다.

* 내부적 필수요소(삼조三調)

- 조신調身 – 몸을 조절하는 것
- 조식調息 – 호흡을 조절하는 것
- 조심調心 – 마음을 조절하는 것

* 외부적 필수요소

- 장소 – 방해받지 않을 조용한 장소
- 스승 – 화두 선택, 수준 점검, 건강 지도 등
- 좌복 – 조신을 위해 필요.

* 선택적 요소

- 화두 – 화두 참선자의 필수 요소, 수학문제나 업무상의 문제로 대체 가능

*조신

- 가부좌 – 양발을 교차시켜 허벅지에 올리는 앉는 자세
  좌선의 기본자세이나 발목과 고관절 등의 통증으로 초심자에게는 무리

- 반가부좌 – 한쪽 다리를 다른 다리의 허벅지(혹은 종아리)에 올리고 앉는 자세
  발목과 고관절의 통증이 덜하거나 없으므로 초심자에게 적합

- 양반다리 – 반가부좌도 불편한 사람에게 적합
  일상생활에서 익숙해져 있으므로 부담감이 적음

*조식

- 복식호흡 – 배로 하는 호흡으로 명상 수행자들에 적합
  내쉬는 숨은 배를 등 쪽으로 붙이면서 숨을 내쉼
  들이쉬는 숨은 배를 앞으로 내밀면서 숨을 들이쉼

- 흉식호흡 – 일상생활에서 가슴으로 하는 호흡으로 익숙함
  복식호흡이 힘들면 적응될 때까지 이 호흡을 선택

*조심

- 평온한 마음을 유지하는 것으로 세 가지 가운데 가장 중요한 요소임

*좌복

좌복은 일종의 좌선 전용 방석이다. 사람이 앉는 자세를 하게 되면 엉덩이와 양 무릎이 삼각형을 형성하게 된다. 이때 상체의 체중은 전부 엉덩이 쪽에 실리게 된다. 그 결과 신체의 무게중심이 삼각형의 가운데 부분이 아니라 엉덩이 아래에 위치하게 된다. 이런 상태가 지속되면 상체는 뒤로 넘어가려고 하는데 이를 막기 위해 상체는 자연히 앞으로 기울게 된다. 상체가 앞으로 숙여지는 것은 올바른 좌선 자세가 아닌데 이때 필요한 물품이 바로 좌복이다.

좌복은 방석이 몇 개 겹쳐져 있는 것처럼 두껍다. 이를 엉덩이에 받치면 몸이 앞으로 쏠리면서 무게중심이 삼각형의 안으로 이동하는 효과가 나게 되어 상체를 곧게 펴도 몸이 뒤로 넘어가지 않게 된다. 좌복이 없을 경우 방석을 겹쳐서 사용하거나 담요를 접어서 사용하면 된다.

*올바른 좌선 자세

- 느슨한 옷을 입거나 허리띠를 늦춘다.
- 좌복이나 담요 등을 엉덩이 부분에 받친다.
- 결가부좌나 가부좌, 양반자세 등을 한다.
- 허리와 목을 일직선으로 곧게 편다.

- 두 손은 배꼽 아래에 적당한 자리에 붙인다.
- 왼손바닥 위에 오른손을 올린다.
  (엄지손가락들을 손바닥 쪽에서 위로 띄우고 두 끝을 살짝 붙임)
- 두 팔꿈치는 몸통 쪽으로 살짝 당긴다.
- 어깨는 자연스럽게 늘어뜨린다.
- 고개를 약간 숙이고 턱을 약간 당긴다.
- 눈을 절반 정도 뜬다.
- 시선을 1m 정도 앞쪽의 바닥에 둔다.

<올바른 좌선 자세>

* 호흡

- 올바른 좌선 자세를 한다.
- 복식호흡을 한다.
- 먼저 배를 천천히 등 쪽으로 붙이면서 천천히 숨을 내쉰다.(호, 날숨)
- 잠깐 숨을 멈춘다.
- 등 쪽의 배를 앞으로 내밀면서 숨을 들이쉰다.
- 잠깐 숨을 멈춘다.(흡, 들숨)
  (이때 소리가 나면 거칠다는 것이므로 부드러운 호흡이 되도록 해야 함)
- 다시 배를 천천히 등 쪽으로 붙이면서 천천히 숨을 내쉰다.(호, 날숨)
- 잠깐 숨을 멈춘다.
- * 등 쪽의 배를 앞으로 내밀면서 숨을 들이쉰다.(흡, 들숨)

양질의 호흡을 하는 것이 목적인 사람들은 위에서 설명한 복식 호흡만 계속하면 된다. 1회 5분 정도에서 시간을 늘려나가 30분까지 늘이면 된다. 좌선 전후에 발목을 풀어준다.

* 수식관
수식관은 속으로 수를 세는 것으로, 강한 집중력을 기를 수 있다.

<1단계>
- 날숨에 하나 들숨에 둘이라고 센다.

- 좌선명상을 하는 내내 날숨-들숨에 따라 하나-둘을 반복한다.

<2단계>
- 날숨에 하, 들숨에 나라고 센다.
- 날숨에 두, 들숨에 울이라고 센다.
- 같은 방식으로 열까지 센다.
- 열까지 세는 것을 반복한다.
- 같은 방식으로 스물까지 세고 반복한다.
* 같은 방식으로 백까지 센다.

<3단계>
- 날숨에 하나(혹은1), 들숨에 둘(혹은2)이라고 센다.
- 같은 방식으로 열(혹은 10)까지 세고 반복한다.
* 같은 방식으로 백까지 센다.

* 화두

화두는 참선수행자를 깨달음으로 인도하는 수단이다. 화두의 내용은 깨달음을 얻은 스승들과 아직 깨닫지 못한 제자들 사이에서 깨달음을 주제로 해서 발생한 언행이다. 따라서 깨달음을 목적으로 하는 좌선수행자들은 정신을 화두에 집중하면 된다. 깨달음이 목적은 아니지만 집중력 등을 기르기 위해 좌선수련자가 화두를 활용하는 것도 가능하다. 이 경우 화두는 집중력을 기르기 위한 수단이다. 집중력을 기르고 싶지만 화두가 부담스러운 사람들은 업무상 과제나 풀리지 않은 수학문제 등을 대신 활용하면 된다.

* 스승

선종에서 스승은 이미 깨달은 조사이고, 지도자이며, 보호자이다. 좌선수행자가 수행 중에 의문이나 문제가 생기면 스승이 이를 해결해 줄 수 있다. 스승을 정하지 못하면 선배나 인터넷에서라도 문제해결을 위한 도움을 받아야 한다. 이는 건강증진이나 집중력 향상을 목적으로 좌선을 수련하는 사람도 마찬가지다.

* 와선臥禪

와선은 누워서 하는 참선이다. 앉은 자세가 누운 자세가 된다는 것일 뿐 나머지는 같다. 잠을 자기 위해 자리에 누웠을 때나 잠을 깼을 때 하면 된다.

* 입선立禪

입선은 서서 하는 참선이다. 앉은 자세가 선 자세가 된다는 것일 뿐 나머지는 같다. 줄을 서서 기다리는 등 5분 이상 서 있어야 할 경우에 하면 된다.

* 행선行禪

행선은 움직이면서 하는 참선이다. 고정된 자세가 없이 움직인다는 것일 뿐 나머지는 같다. 걸어 다니면서 참선을 하는 경우가 대표적이다.

건강증진이나 집중력 향상이 목적인 참선수련자가 와선, 입선, 행선을 하는 경우 복식호흡과 수식관을 적절하게 하면 된다.

방경일(글)

동국대학교 불교학과 졸업 후 불교 관련 프리랜서 작가로 활동 중이며, 유튜브 채널 〈해오름〉, 〈단경〉, 〈도론도담〉의 '차 한잔의 도론도담'에 출연하고 있다.
펴낸 책으로『초기불교 VS 선불교』,『33관세음보살 이야기』,『우리가 모르고 쓰는 생활 속 불교용어』,『만화로 보는 법화경과 새로운 해설』등 다수가 있다.

정기영(그림)

Casual illustrator / comic
Mail: miregguan1@naver.com

만화로 보는 불교명상 길라잡이

초판 1쇄 인쇄 2023년 2월 17일
초판 1쇄 발행 2023년 2월 24일

글 방경일 | **그림** 정기영
펴낸이 김시열
펴낸곳 도서출판 운주사

　　　　　(02832) 서울시 성북구 동소문로 67-1 성심빌딩 3층
전화 (02) 926-8361 팩스 0505-115-8361

http://cafe.daum.net/unjubooks 〈다음카페: 도서출판 운주사〉
ISBN 978-89-5746-727-5 07220
값 20,000원